G. Martin / M. Trostmann

Programmieren
mit UNIX

Programmieren von Mikrocomputern

Die Bände dieser Reihe geben den Benutzern von Heimcomputern, Hobbycomputern bzw. Personalcomputern über die Betriebsanleitung hinaus zusätzliche Anwendungshilfen. Der Leser findet wertvolle Informationen und Hinweise mit Beispielen zur optimalen Ausnutzung seines Gerätes, besonders auch im Hinblick auf die Entwicklung eigener Programme.

Bisher erschienene Bände

Programmieren von Mikrocomputern Band 24

Günter Martin
Manfred Trostmann

Programmieren mit UNIX

Eine Einführung in das Betriebssystem

2., durchgesehene und verbesserte Auflage

Herausgegeben von Harald Schumny

Friedr. Vieweg & Sohn   Braunschweig/Wiesbaden

1. Auflage 1986
2., durchgesehene und verbesserte Auflage 1987

Druck und buchbinderische Verarbeitung: Lengericher Handelsdruckerei, Lengerich
Printed in Germany

ISBN   3-528-14358-4

Inhaltsverzeichnis

Vorwort

UNIX wird mittlerweile von fast allen Rechner-Herstellern angeboten und erhält auch von Anwenderseite sehr viel Aufmerksamkeit. Dies ist der beste Beweis, daß Konzept und Verwirklichung gut sind. Verglichen mit dem hohen Bekanntheitsgrad scheint jedoch das Wissen, wie UNIX anzuwenden ist, eher unzureichend zu sein. Aber gerade der praktische Einsatz bringt für alle Seiten letztendlich erst den anhaltenden Erfolg.

Dieses Buch ist daher mit der Absicht geschrieben worden, das für den Umgang mit UNIX notwendige Wissen bereit zu stellen und wendet sich an diejenigen, welche bereits Grundkenntnisse der Datenverarbeitung in Theorie oder Praxis erworben haben und vor der Aufgabe stehen, UNIX für ihre Anwendung einzusetzen.

Inhalt und Schwerpunkt dieses Buches ist die Programmierung unter UNIX, wie sie für den erfolgreichen Einsatz zur Lösung der anstehenden Softwareprobleme immer notwendig ist.

Dazu wird in den drei ersten Kapiteln zunächst die Handhabung des eigentlichen Betriebssystems beschrieben und anschließend auf den Bereich der Programmierung eingegangen: Es werden in Kapitel 4 der Umgang mit Filtern und in Kapitel 5 die „Shell" als Programmiersprache dargestellt, wobei gezeigt wird, daß für die Lösung eines Problems in dieser Umgebung nicht in jedem Fall ein Programm im herkömmlichen Sinne erforderlich ist. In Kapitel 6 wird dann das Arbeiten mit den Programmiersprachen C, Pascal, und FORTRAN besprochen. Kapitel 7 behandelt die Fehlersuche und Laufzeitoptimierung der Programme. Im letzten Kapitel werden dann einige „programmierbare Werkzeuge" vorgestellt.

Als Grundlage für alle Aussagen in diesem Buch gilt UNIX System V. Daneben sind auch andere Versionen, insbesondere „Berkely-UNIX" berücksichtigt. Auf Abweichungen wird im Einzelfall hingewiesen.

Der Text selbst einschließlich der Abbildungen wurde unter UNIX mit dem Formatierer TI-TROFF erstellt.

Allen, die mit Anregungen und kritischen Fragen dazu beigetragen haben, das Buch zu gestalten, sei unser Dank an dieser Stelle ausgesprochen. Dies gilt vor allem auch für die Studenten in unseren Vorlesungen. Besonders möchten wir uns auch bei Herrn Josef Mester und den vielen anderen bedanken, die uns bei der aufwendigen Arbeit der Formatierung geholfen haben.

Frankfurt am Main

Günter Martin
Manfred Trostmann

1 Einführung

Die Einführung gibt zunächst einen kurzen Überblick über die histo-
rische Entwicklung von UNIX und beschreibt anschließend die Struktur
des Betriebssystems. Der Benutzer sieht als Elemente von UNIX Dateien
und Prozesse, auf die in Teil 3 und 4 dieses Kapitels eingegangen wird.
Als Übergang zum 2. Kapitel (Shell-Kommandos) werden abschließend
die grundsätzlichen Merkmale der Kommandosprache dargestellt.

1.1 Historische Entwicklung

Obwohl die meisten der in UNIX verwirklichten Ideen aus den sechziger
Jahren stammen, ist UNIX ein modernes Betriebssystem. Viele dieser
Ideen sind auch in anderen Betriebssystemen verwirklicht worden.
Letzteres ist jedoch den Entwicklern von UNIX nicht in allen Fällen
bekannt gewesen. Ihr Verdienst ist es, aus den eigenen und fremden
Überlegungen die besten herausgesucht und in den siebziger Jahren ver-
wirklicht zu haben. Erst in diesem Jahrzehnt begann der Einsatz von
UNIX auf breiter Basis mit der notwendigen Unterstützung durch die
Firma AT&T Bell Laboratories.

Wenn auch viele Personen zur Entwicklung von UNIX beigetragen
haben, so sind doch in erster Linie *Dennis Ritchie* und *Ken L. Thompson*
zu nennen, die Mitarbeiter in einer Forschungsgruppe in Bell Labs waren
und sind. Sie haben sich zur Bearbeitung ihrer Softwareentwicklungen
ihr eigenes Betriebssystem geschaffen. Ihre Innovation war nicht
geprägt von kommerziellen Bedürfnissen ihrer Firma oder von deren
Kunden, sondern von eigenen Wünschen und Vorstellungen. Festzuhal-
ten bleibt, daß UNIX weder in den Labors oder Entwicklungsabteilungen
einer der großen Computerfirmen noch in einer der vielen kleinen und
mittleren Firmen mit stark ausgerichtetem Drang zur Innovation ent-
standen ist. Eine Forschungsgruppe innerhalb einer Firma, die zum
Zeitpunkt der Entstehung von UNIX keine kommerziellen Interessen im
Computergeschäft hatte, hat dieses System entwickelt und zuerst eingesetzt.

Die Entwicklung von UNIX ist vor dem Hintergrund von MULTICS zu
sehen, einem ambitionierten Versuch in den sechziger Jahren, zu einer
systematischen Struktur für Timesharing-Betriebssysteme zu kommen.
Das Projekt MULTICS hat in zweierlei Hinsicht auf die Entstehung von
UNIX eingewirkt. Viele Grundideen wurden, wenn auch meist in

abgewandelter Form, bei erfolgreicher Bewährung übernommen. Die Erfahrungen mit MULTICS insgesamt waren jedoch so negativ, daß nicht ein anderes MULTICS konzipiert wurde, sondern ein Betriebssystem, daß einige wesentliche Grundlagen beinhaltete, die völlig verschieden von MULTICS oder überhaupt eines Großsystems waren.

Ein kurzer zeitlicher Ablauf soll nur die wichtigsten Ereignisse in der Entwicklung von UNIX festhalten und dem Leser einen Überblick verschaffen. Die erste Implementation erfolgte 1969 auf einer PDP-7. Das Dateisystem war damals schon dem heutigen sehr ähnlich und hat sich seitdem von allen UNIX-Komponenten am wenigsten verändert. Wenn es auch mehrmals neu geschrieben worden ist, so blieben doch grundlegende Prinzipien dieses Entwurfs erhalten. Die ersten wirklichen Benutzer, immer noch innerhalb AT&T, haben mit einer auf einer PDP-11 implementierten Version der Jahre 1970/71 gearbeitet. Obwohl diese Version noch ohne "Multiprogramming" arbeitete, waren jedoch die meisten Funktionen, wie sie heute von UNIX bekannt sind, vorhanden. Es gab seitdem nur wenige Änderungen, die von außen sichtbar sind.

Die interne Struktur hat sich stärker notwendigen Änderungen unterwerfen müssen. Im Jahre 1973 wurde das System in der Sprache C geschrieben. Zum etwa gleichen Zeitpunkt erfolgte die erste öffentliche Vorstellung des Systems auf der "Operating Principles Conference" der ACM. Da von diesem Zeitpunkt ab auch ausgesuchte Benutzer außerhalb AT&T UNIX nutzen und entwickeln durften, wurde die Entwicklung auf eine breitere Basis gesetzt. Besonders die Universität Berkeley hat UNIX frühzeitig eingesetzt, weiter entwickelt und mit eigenen Versionen entscheidende Beiträge geleistet. Die letzte reine Forschungsversion war die "Edition 7" im Jahre 1979. System III und später System V sind Produkte der AT&T-Entwicklungsgruppe. Die Forschungsgruppe wird bis heute als Ideenspender beibehalten.

Mit dem kommerziellen Einsatz und letztlich auch mit der Unterstützung in den letzen Jahren ist das System ein ernsthafter Konkurrent für andere Betriebssysteme geworden. Mittlerweile bieten fast alle Hersteller auf praktisch jedem Rechnertyp UNIX oder Derivate wie z.B. XENIX an. Die Entwicklung in diesem Bereich ist noch längst nicht abgeschlossen, und die Zukunft wird noch viele interessante Ideen und Produkte hervorbringen.

1.2 Die Struktur von UNIX

UNIX besteht funktionell aus zwei Teilen, dem privilegierten Systemkern (*Kernel*) und den nicht-privilegierten UNIX-Komponenten.

Wir betrachten zunächst den Systemkern. Er umfaßt nur etwa 5-10% des UNIX-Betriebssystems und stellt lediglich die elementaren Funktionen für die Verwaltung der Betriebsmittel bereit. Die Komponenten des Systemkerns und ihre Funktionen sind:

- **Prozeßverwaltung:** Erzeugen von Prozessen, Ausführen von Programmen, Auslagern von Prozessen, Synchronisation, "Scheduling".

- **Ein-/Ausgabesystem:** Zeichen- und blockweise Datenübertragung, Gerätetreiber.

- **Dateisystem:** Zugriff auf Dateien.

Alle UNIX-Komponenten außerhalb des Kerns und alle Anwenderprogramme bedienen sich der Funktionen des Kerns über Systemaufrufe (system calls). Die Systemaufrufe bilden die Schnittstelle zum Systemkern und stellen damit einen genau definierten Eingang zum privilegierten Teil des Systems dar.

Die nicht zum Systemkern gehörenden Komponenten von UNIX, und das ist der weitaus größte Teil aller Programme, werden wie normale Benutzerprogramme behandelt. Dazu gehört zum Beispiel auch der Kommandointerpreter *Shell*, der die Kommandosprache des Betriebssystems zur Verfügung stellt. Der Benutzer ruft implizit Shell auf, indem er sich am Terminal anmeldet (login). Während der Arbeit am Terminal liest Shell die vom Benutzer eingegebenen Kommandozeilen,

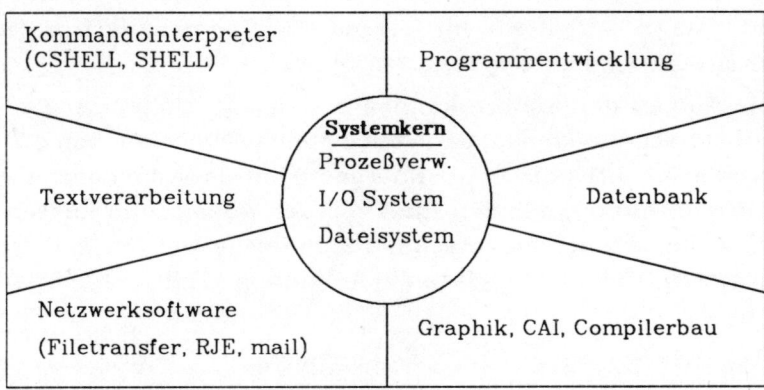

Abb. 1.1: Funktionelle Struktur von UNIX

bereitet sie auf und veranlaßt ihre Ausführung.

Weitere Komponenten außerhalb des Kerns sind in Abbildung 1.1 dargestellt.

1.3 Dateien

UNIX ist ein dateiorientiertes Betriebssystem. Alle Informationen, Kommandos und Programme, Texte oder beliebige Daten, sind in Dateien abgelegt. Sogar Geräte, z.B. Terminals und Drucker, werden als Dateien betrachtet. Im folgenden werden die Merkmale des Dateisystems vorgestellt.

1.3.1 Struktur des Dateisystems

UNIX arbeitet mit einem hierarchisch organisierten Dateisystem: Das Dateisystem hat, wie in Abbildung 1.2 dargestellt, die Struktur eines Baums. Jeder Knoten im Baum repräsentiert eine Datei. Eine Datei, die durch einen inneren Knoten repräsentiert wird, heißt *Directory*. Dieser Dateityp enthält lediglich Verwaltungsinformation und verweist auf weitere Dateien. Ein Directory hat damit die Bedeutung eines Inhaltsverzeichnisses oder eines Katalogs. Die eigentlich relevanten Daten, z.B. Quell- oder Binärprogramme, Texte oder Programmbibliotheken, werden in den Blättern des Baums abgelegt. Wenn nicht ausdrücklich anders gesagt, wollen wir im folgenden unter dem Begriff *Datei* (*file*) immer ein Blatt im Dateisystem verstehen.

Die Namen der Knoten können bis zu 14 Zeichen lang sein, wobei Knoten auf verschiedenen Ästen auch gleiche Namen haben dürfen. Eindeutig identifiziert werden die Knoten im Dateisystem durch ihren *Pfadnamen* (*pathname*), der den Pfad von der Wurzel zum Knoten bezeichnet. Die einzelnen Elemente des Pfadnamens werden mit "/" voneinander getrennt; die Datei **daten** in Abbildung 1.2 hat damit den Pfadnamen

    /usr/max/daten

Das Zeichen "/" am Namensanfang weist darauf hin, daß der Pfad beim Knoten "/", der Wurzel des Dateisystems, beginnt.

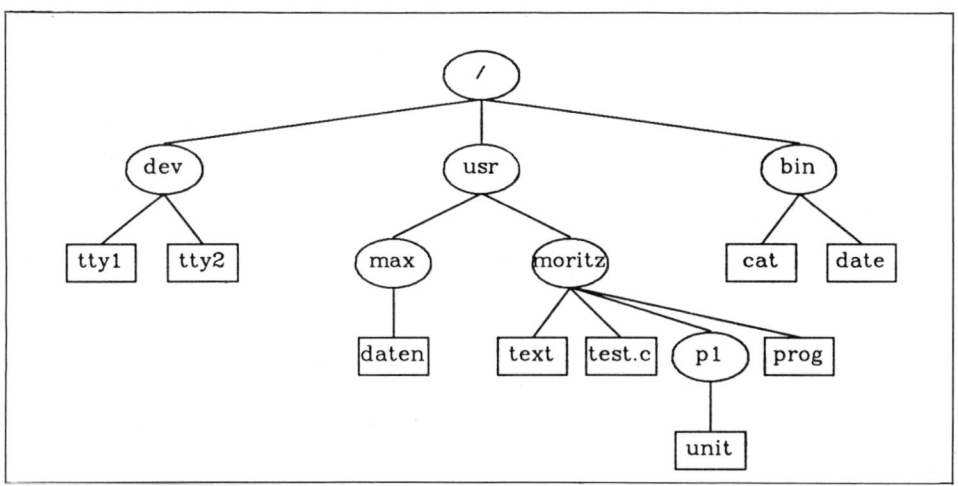

Abb. 1.2: Ausschnitt aus einem UNIX-Dateisystem: Directories sind durch Ellipsen, Dateien durch Rechtecke dargestellt. Das oberste Direc-tory, die Wurzel des Baumes, trägt als Namen das Zeichen "/". Unter dem Directory dev *(device) stehen die Dateien, die die am Rechner an-geschlossenen Geräte repräsentieren, z.B. Terminal 1 und Terminal 2 (tty1, tty2). Unter dem Directory* bin *(binary) ist der Binärcode für UNIX-Kommandos abgelegt, wie etwa* date *und* cat. *Dem Directory* usr *(user) folgen weitere Directories, in denen die Benutzer, hier: max und moritz, ihre Dateien ablegen.*

Um die Eingabe langer Pfadnamen zu vermeiden, gibt es für jeden Benutzer ein *Working-Directory*. Als Working-Directory kann der Benutzer ein Directory auswählen, bei dem der Pfad beginnen soll. Fehlt "/" am Namensanfang, beginnt der Abstieg in dem Baum nicht bei der Wurzel, sondern beim Working-Directory. Ist zum Beispiel /usr/moritz das Working-Directory, dann sind folgende Dateibe-zeichnungen äquivalent:

```
text       und   /usr/moritz/text
p1/unit    und   /usr/moritz/p1/unit
```

Vom Working-Directory aus können auch Vorgängerknoten erreicht werden. Die Notation ".." im Pfadnamen bewirkt das Zurückgehen zum jeweilgen Vorgängerknoten, wie die folgenden Beispiele zeigen. Auch hier sei /usr/moritz wieder das Working-Directory:

```
../max/daten    =   /usr/max/daten
../../bin/cat   =   /bin/cat
```

Für jeden Benutzer gibt es neben dem Working-Directory noch ein *Home-Directory*. Im Home-Directory ist der Benutzer "zu Hause". Es wird beim Anmelden am Terminal (login) automatisch zu seinem Working-Directory. Der Benutzer kann unter seinem Home-Directory weitere Directories und Dateien anlegen und mit einigen UNIX-Kommandos im gesamten Baum navigieren, soweit es seine Zugriffsrechte erlauben. Er kann sein Working-Directory umsetzen und jederzeit zu seinem home Directory zurückkehren.

Der Name des Home-Directory wird üblicherweise vom Benutzerna-men abgeleitet. Als Home-Directory für den Benutzer max wird zum Beispiel **/usr/max** benutzt werden.

1.3.2 Dateischutz

Für jede Datei kennt UNIX drei Klassen von Benutzern:

*   Der Besitzer der Datei. Das ist derjenige, der die Datei erzeugt hat, sofern die Besitzrechte nicht nachträglich geändert wurden.

*   Die Gruppe des Besitzers. In einer Gruppe sind alle Benutzer zusammengefaßt, die etwa am gleichen Projekt arbeiten. Die Zusammenfassung von Benutzern zu Gruppen übernimmt der Systemverwalter. Ein Benutzer kann Mitglied mehrerer Gruppen sein.

*   Die anderen Systembenutzer. Das sind alle Benutzer, die nicht zu den ersten beiden Klassen gehören.

Der Besitzer kann für jede seiner Dateien die Zugriffsrechte *read* (r), *write* (w) und *executable* (x) setzen, und zwar getrennt für sich, seine Gruppe und andere Systembenutzer. Das Attribut "executable" legt für eine Datei fest, ob sie ein Programm enthält, das durch Angabe des Dateinamens aufgerufen werden darf; "read" und "write" bestimmen wie üblich die Lese- und Schreibberechtigung.

Wird eine Datei neu eingerichtet, werden bestimmte Zugriffsrechte standardmäßig eingetragen. Bei den meisten Systemen erhält der Besitzer die Lese und Schreibberechtigung auf seine Datei, seine Gruppe darf lesen und alle anderen dürfen weder lesen noch schreiben.

Für Directories werden die Zugriffsattribute teilweise etwas anders interpretiert als für Dateien:

- Schreiberlaubnis (**w**) für ein Directory bedeutet, daß in einem Directory eine Datei oder ein weiteres Directory eingetragen oder auch gelöscht werden darf. Man beachte, daß die Schreibberechtigung auf ein Directory das Löschen einer Datei im Directory ermöglicht, auch wenn für diese Datei selbst keine Schreibberechtigung besteht.

- Das Attribut "executable" (**x**) legt fest, ob der Zugriff auf die Directory-Einträge gestattet ist. Durch Sperren dieses Rechts für andere kann der Besitzer des Directories erreichen, daß ab dem Directory kein anderer den Pfad weiterverfolgen kann.

1.3.3 Repräsentation von Dateien

Aus Benutzersicht erscheint eine Datei unter UNIX immer nur als eine lineare Folge von Zeichen, auf die in beliebiger Reihenfolge zugegriffen werden kann. Dateien werden also wie große eindimensionale Felder behandelt, egal welche Art von Information sie enthalten. Dies bedeudet, daß der Benutzer, wenn er irgendeine Struktur in seiner Datei verwalten möchte, sich die dazu benötigten Funktionen selbst programmieren muß. Die Interpretation des Dateiinhalts unterliegt allein dem Programm, das darauf arbeitet.

Als Vorteile, die dem Benutzer aus dem Fehlen von Strukturen in Dateien erwachsen, werden genannt [Geld83]:

- Es sind beliebige Strukturen realisierbar, da das Betriebssystem keine Strukturen voraussetzt.

- Geräte, die eine zeichenweise Ein-/Ausgabe erwarten, können vom Benutzer ebenso wie Dateien behandelt werden. Solche Dateien heißen *special files* oder *Gerätedateien*.

Mit der zunehmenden Verbreitung von UNIX im kommerziellen Bereich haben sich hier jedoch neue Aspekte ergeben. So gehört zu vielen UNIX-Systemen heute auch der indexsequentielle Dateizugriff (ISAM), mit dem Datensätze über Schlüsselfelder adressiert werden können.

Die gleiche Entwicklung besteht bei den Sperrmechanismen (locking) für Dateien. Ältere Versionen des Betriebssystem stellen für Dateien keinen Sperrmechanismus zur Verfügung: Mehrere Benutzer können gleichzeitig auf die selbe Datei schreibend zugreifen, was natürlich zu Inkonsistenzen führen kann. In neuen Versionen gibt es dagegen Systemaufrufe, um eine ganze Datei oder einzelne Sätze der Datei zu sperren.

1.4 Prozesse

Der Begriff Prozeß spielt eine wesentliche Rolle in UNIX und wird daher im folgenden etwas genauer betrachtet. Trotzdem kann dieser Abschnitt beim ersten Lesen übersprungen und mit Abschnitt 1.5 fortgesetzt werden, wenn der Leser zunächst praktische Anwendungen und die Kommandosprache von UNIX kennenlernen möchte.

Zur Behandlung von Prozessen ist es notwendig, zunächst eine Definition des Begriffs zu geben, um dann auf die wichtigsten Aspekte der Prozeßverwaltung in UNIX eingehen zu können.

1.4.1 Definition Prozeß

Zwar wird im Bereich der Datenverarbeitung oft von Prozessen gesprochen, aber eine perfekte Definition gibt es bisher in der Literatur nicht. Hier eine Auswahl verschiedener Definitionen, die in [Deit83] gesammelt sind:

- ein Programm während seiner Ausführung

- eine asynchrone Aktivität

- der "beseelte Geist" einer Prozedur

- der "Ort der Kontrolle" einer Prozedur während ihrer Ausführung

- das, was sich durch die Existenz eines "Prozeß-Kontroll-Blocks" im Betriebssystem auszeichnet.

- das dem Prozessor zugewiesene "Wesen" (entity)

- die "abzufertigende" Einheit

Die Definition "ein Programm während seiner Ausführung" ist nach Beobachtungen von [Deit83] am gebräuchlichsten.

Wir charakterisieren einen Prozeß durch seine Eigenschaften:

(1) Ein Prozeß besteht aus einer Reihe zeitlich einander nicht überlappender Schritte.

(2) Ein Prozeß hat eine zeitlich begrenzte Lebensdauer; er wird geboren oder initiiert und stirbt nach verrichteter Arbeit.

(3) Zu jedem Prozeß gehört eine *Umgebung*; das ist eine Menge von Speicherplatz, die von den Schritten des Prozesses benötigt und beinflußt wird. Von speziellen Anwendungen abgesehen, sind die Umgebungen verschiedener Prozesse disjunkt. Das heißt, die Umgebung eines Prozesses überschneidet sich nicht mit der Umgebung eines anderen Prozesses.

(4) Ein Prozeß *P* kann zu Gunsten eines anderen Prozesses *Q* unterbrochen und danach wieder fortgesetzt werden. Während der Unterbrechung bleibt der Inhalt der Umgebung von *P* unverändert, die Umgebung kann auf einen peripheren Speicher ausgelagert werden und wird beim Fortsetzen von *P* wieder in den Hauptspeicher gebracht.

In vielen Betriebssystemen verbindet man mit der Terminalsitzung eines Benutzers *B* genau einen Prozeß *P(B)*. Mit dem Anmelden (login) des Benutzers *B* am Rechner wird *P(B)* initiiert, mit dem Abmelden (logout) endet der Prozeß. Nahezu alle von *B* veranlaßten Aktionen laufen innerhalb von *P(B)* ab, ausgenommen vom Benutzer initiierte Hintergrundjobs.

Die Prozeßeigenschaften (3) und (4) erlauben es, daß zeitlich verschränkt und damit "quasi gleichzeitig" mehrere Benutzer bedient werden: jeweils ein Prozeß erhält für ein kurzes Zeitintervall (*Zeitscheibe*) die CPU zugeteilt und wird dann zu Gunsten eines anderen Prozesses unterbrochen. Dieser Wechsel geschieht so schnell, daß die Benutzer den Eindruck haben, gleichzeitig vom Rechner bedient zu werden.

1.4.2 Prozeßverwaltung

Im Gegensatz zu vielen anderen Betriebssystemen erzeugt UNIX während einer Terminalsitzung für einen Benutzer eine Vielzahl von Prozessen. Fast jedes von *B* eingegebene UNIX-Kommando läuft als eigener Prozeß ab.

Zunächst existiert nach dem Einschalten des Rechners mit dem Start des Betriebssystems nur ein Prozeß, der Prozeß Nr. 1. Dieser Prozeß erzeugt für jedes angeschlossene Terminal einen eigenen Prozeß, der jeweils darauf wartet, daß sich ein Benutzer anmeldet. Der dem Terminal zugeordnete Prozeß liest dann die Kommandos des Benutzers und veranlaßt ihre Ausführung. Dazu wird für fast jedes Kommando

wiederum ein eigener Prozeß erzeugt, der nach Ausführung des
Kommandos endet.

Für die Erzeugung von Prozessen benutzt das Betriebssystem ein
recht ungewöhnliches Verfahren. Abgesehen vom ersten Prozeß werden
alle Prozesse mit dem Systemaufruf **fork** erzeugt. **fork** wird von
einem Programm aus wie eine Funktionsprozedur aufgerufen. Führt ein
Prozeß *V* (Vater) mit einer Umgebung *U(V)* **fork** aus, wird ein neuer
Prozeß *S* (Sohn) mit Umgebung *U(S)* erzeugt. Ihm wird eine eindeutige
Prozeßnummer zugewiesen, die als Funktionswert von **fork** an *S*
übergeben wird. Der Inhalt von *U(S)* ist dabei eine Kopie des Inhalts von
U(V) zum Zeitpunkt der **fork**-Ausführung.

Dieser Vorgang ist in Abbildung 1.3 schematisch dargestellt. Der
Prozeß mit Nr. 27 führt ein Programm aus. Zur in der Abbildung dargestellten Umgebung des Prozesses gehören:

- Inhalte globaler Variablen im Programm und explizit angeforderter
  Speicherbereiche (Datensegment D).
- Werte lokaler Variablen im Programm, Rücksprungadressen aus
  Prozeduren (Stacksegment S).
- Registerinhalte (R) einschließlich Programmzähler, d.h. "Abar-
  beitungsposition" im Programm.
- verschiedene Tabellen (T), in denen u.a. die Namen der geöffneten
  Dateien mit Angaben über ihren Zustand vermerkt sind.
- Auszuführender Programmtext (Textsegment) als "Mittelpunkt".

Nach Ausführung von **fork** gibt es zwei Prozesse, die exakt das
gleiche Programm ausführen. In beiden Prozessen befindet sich das
Programm in der gleichen Verarbeitungsposition (gleiche Variablen-
werte, gleicher Programmzähler usw.). Unterscheiden können sich die
beiden Prozesse nur anhand des bei **fork** zurückgegebenen Funktionswertes: der Vaterprozeß erhält als Funktionswert die Prozeßnummer
des Sohnes (ungleich 0), der Sohn eine 0.

Nach der Prozeßgenerierung laufen beide Prozesse asynchron ab,
wenn nicht der Vaterprozeß durch einen Aufruf von **wait** auf die Beendigung des Sohnprozesses wartet. (**wait** wartet auf die Beendigung
irgendeines Sohnprozesses und gibt im Normalfall die Nummer des
beendeten Prozesses zurück.)

Wie bereits erwähnt, werden ab Prozeß Nr. 1 alle Prozesse mit **fork**
erzeugt. Natürlich hat es keinen Sinn, wenn im Rechner alle Prozesse
das gleiche Programm ausführen. Im allgemeinen wird der Sohnprozeß
ein anderes Programm als der Vaterprozeß ausführen wollen. Anhand

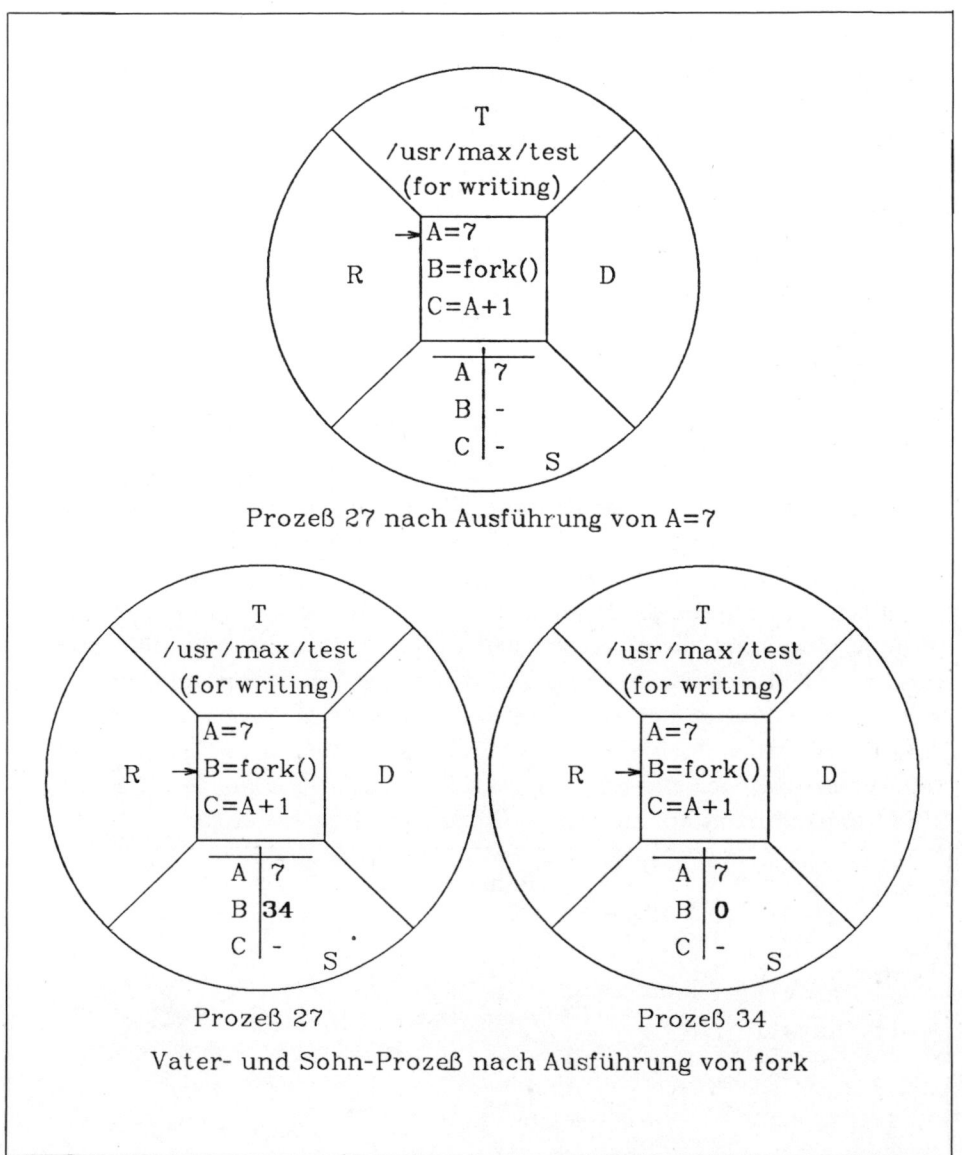

Prozeß 27 nach Ausführung von A=7

Prozeß 27

Prozeß 34

Vater- und Sohn-Prozeß nach Ausführung von fork

Abb. 1.3: Modell der Prozeßerzeugung in UNIX. Der Prozeß Nr. 27 (oberer Teil der Abbildung) dupliziert sich durch Ausführung von **fork**. *Nach dem* **fork**-*Aufruf (unterer Teil der Abbildung) gibt es zwei Prozesse, den Vater (Nr. 27) und den Sohn (Nr. 34). Mit Ausnahme des bei* **fork** *zurückgegebenen Funktionswertes (Variable B) sind beide Prozesse identisch.*

des im Beispiel in der Variablen B abgelegten Funktionswertes können sich Vater und Sohn unterscheiden. Damit der Sohn ein neues Programm ausführen kann, muß er im wesentlichen nur den Inhalt seines Textsegments austauschen. Das Textsegment beinhaltet wie oben erwähnt den auszuführenden Programmtext. Zusätzlich müssen noch Stack- und Datensegment geeignet verändert werden.

Diese Aufgaben übernimmt der Systemaufruf **exec**. Damit wird die Umgebung eines Prozesses durch die Segmente (Stack-, Daten- und Textsegment) eines neuen Programms überlagert und damit ein neues Programm ausgeführt. Der Systemaufruf **exit** beendet einen Prozeß und aktiviert einen evtl. wartenden Vaterprozeß. Über **exit** kann eine Statusmeldung an den Vaterprozeß weitergegeben werden, die durch den entsprechenden **wait**-Aufruf verfügbar wird.

Neben dem Systemaufruf **wait** gibt es in jedem UNIX-System noch eine weitere Methode zur Prozeßsynchronisation; dazu dienen eine Reihe fest vorgegebener *Signale (signals)*. Ein Signal ist eine Unterbrechung auf Prozeßebene; es wird durch das Eintreten eines Ereignisses erzeugt, das eine normale Prozeßfortführung nicht erlaubt. Signale können z.B. durch einen Benutzer am Terminal (interrupt), durch ein fehlerhaftes Programm (Adreßfehler, etc.) oder auch einen anderen Prozeß (kill) ausgelöst werden. Wenn nicht anders spezifiziert, führt ein Signal zum Abbruch des adressierten Prozesses. Wir werden in Kapitel 5 (Shell-Prozeduren) noch auf Signale zu sprechen kommen.

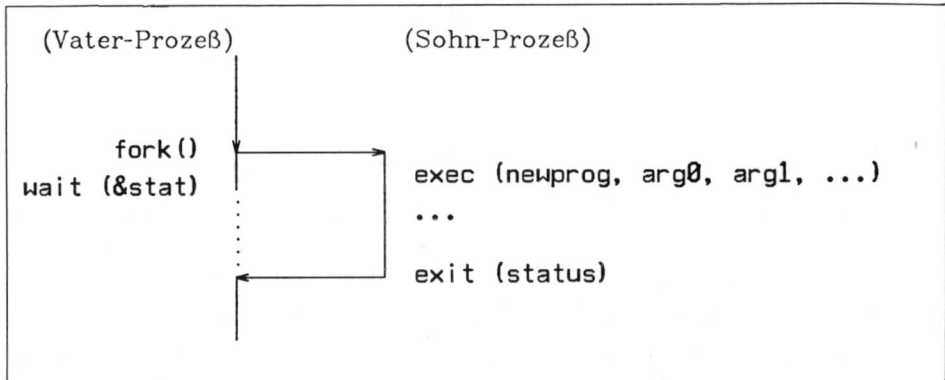

Abb. 1.4: Prozeßerzeugung und Synchronisation. Der mit **fork** *erzeugte Sohnprozeß führt mit* **exec** *ein anderes Programm als sein Vater aus. Der Vaterprozeß wartet solange mit* **wait** *auf das Ende (*exit*) des Sohnprozesses. Nach dem "Aufwachen" findet der Vater in der Variablen* stat *einen bei* exit *vom Sohn angegebenen Statuswert.*

Weitere Komponenten zur Prozeßsynchronisation sind abhängig von der jeweiligen UNIX-Version. In UNIX System V ist z.B. das von Dijkstra entwickelte *Semaphor*-Konzept [Dijk65] implementiert.

1.4.3 Scheduling und Prioritätenvergabe

Im UNIX Betriebssystem teilt der *Scheduler* prioritätsbezogen die CPU den einzelnen Prozessen zu. Jeder Prozeß erhält als Priorität einen numerischen Wert. Für jeden dieser Prioritätswerte existiert eine logische Warteschlange, in der sich Prozesse mit gleichen Prioritäten befinden. Soll ein Prozeß vom Scheduler gestartet werden, so nimmt dieser den ersten rechenwilligen Prozeß aus der Warteschlange mit der höchsten Priorität heraus und ordnet diesem die CPU zu. Dieser Prozeß bleibt so lange in der CPU, bis entweder der Prozeß beendet ist, seine Zeitgrenze erreicht ist, oder ein anderer Prozeß eine Unterbrechung verursacht. Wird dem Prozeß die CPU entnommen, weil die Zeitgrenze erreicht worden ist, so wird der Prozeß anschließend in eine Warteschlange mit niedrigerer Priorität eingeordnet.

Die höchsten Prioritäten bleiben den Funktionen, welche im Systemkern ablaufen, vorbehalten. Hier erhalten die Betriebsmittel, welche zeitkritisch in bezug auf die Bearbeitung ihrer Anforderungen auf die CPU sind, eine höhere Priorität als solche mit weniger zeitkritischen Anforderungen. Danach erhalten z.B. die für die Bearbeitung von Plattenzugriffen zuständigen Prozesse eine höhere Priorität als diejenigen, die den Transfer für die Datensichtgeräte durchführen.

Im Gegensatz zu den Prioritäten für den Betriebssystemkern, werden die für die Benutzer mindestens jede Sekunde neu berechnet. Es wird das Verhältnis der zuletzt verbrauchten CPU-Zeit zur tatsächlich abgelaufenen Zeit gebildet und dem jeweiligen Prozeß zugeordnet. Durch diese Art der Berechnung erhalten die Prozesse mit geringem CPU-Verbrauch pro Zeiteinheit eine hohe Priorität. Die meisten interaktiven Prozesse haben nur kurzzeitig einen CPU-Bedarf und erhalten bei der oben geschilderten Vergabe eine hohe Priorität. Damit sind kurze Antwortzeiten für interaktive Prozesse gewährleistet, wenn die Rechenanlage nicht überlastet ist und die Benutzerschaft heterogen ist oder sich zumindest so verhält.

In UNIX werden oft größere Aufgaben so gelöst, daß sie in Teilaufgaben mit eigenen Prozessen aufgeteilt, und diese wiederum mit komfortablen Kommandos für die Bearbeitung zusammengefügt werden (jede Teilaufgabe ein Prozeß). Auch hierfür liefert das gewählte Verfahren der Prioritätenvergabe gute Ergebnisse, da durch diese Aufteilung die CPU jeweils nur kurzzeitig benötigt wird.

Das Scheduling-Verfahren hat aber auch einige gravierende Nachteile, die besonders im Rechenzentrumsbetrieb oder bei heterogener Benutzerschaft auftreten. Da eine Benutzerüberwachung nicht möglich ist, können einzelne Benutzer das System stark in Anspruch nehmen, in dem sie zum Beispiel ihre Aufgaben mit vielen gleichzeitig aktiven Prozessen abwickeln. Dies geht natürlich zu Lasten jener Benutzer, die weniger gleichzeitig aktive Prozesse kreieren. Das Antwortzeitverhalten für einen Benutzer mit feststehenden Aufgaben kann nicht vorausgesagt werden, da es immer von dem Verhalten und der Anzahl der restlichen aktiven Benutzer abhängt. Eine gerechte Zuweisung der Betriebsmittel ist nicht möglich und daher auch nicht eine annehmbare Abrechnung derselben.

Diese Schwachstellen sind jedoch durch verschiedene Veränderungen im Scheduler reduziert worden, um diesen an bestimmte Betriebsbedingungen, für die UNIX ursprünglich nicht gedacht war, anzupassen. Es sei nur als Beispiel der *Fair Share Scheduler* von Bell Labs erwähnt. Hiermit ist es möglich, Benutzergruppen Anteile der Betriebsmittel zuzuordnen und damit die von UNIX selbst errechneten Prioritäten zu übersteuern. Jeder dieser Benutzergruppen wird praktisch ein virtuelles UNIX zugeordnet. Sollen z.B. nur Hintergrundjobs von interaktiven Benutzern getrennt werden, so genügt eine Aufteilung in zwei Gruppen, wobei die Gruppe für die Hintergrundjobs einen relativ kleinen Anteil an den Betriebsmitteln erhält. Soll dagegen jeder Benutzer eine eigene Priorität erhalten, so ist für jeden Benutzer eine eigene Gruppe einzurichten. Falls die einer Gruppe zugeordneten Anteile nicht in Anspruch genommen werden, fallen sie natürlich anteilmäßig den anderen Gruppen zu.

1.5 Merkmale der Kommandosprache

Bevor wir im 2. Kapitel die Kommandos von UNIX im einzelnen vorstellen, werden hier zunächst die wichtigsten Merkmale der Kommandosprache zusammengefaßt. Dabei zeigen sich auch die Besonderheiten der UNIX-Kommandosprache im Vergleich zu anderen Betriebssystemen.

1.5.1 Ausführen von Kommandos

Wir nehmen an, die Datei *file* enthält ein ausführbares Programm oder eine Kommandoprozedur[1]. Zur Ausführung der Datei wird einfach ihr Name *file* eingegeben. Der Kommandointerpreter Shell erzeugt einen neuen Prozeß (Sohnprozeß), der den Inhalt der Datei ausführt. Benutzt wird dazu der in Abschn. 1.3 beschriebene **fork**-Mechanismus. Während der Ausführung wartet der Vaterprozeß, Shell, auf die Beendigung des Sohnprozesses.

Es wird dabei nicht unterschieden, ob *file* ein vom Benutzer erstelltes Programm oder ein UNIX-Kommando enthält. Beide unterscheiden sich allein dadurch, daß die Datei, in der das UNIX-Kommando steht, zum Lieferumfang beim Kauf von UNIX gehört und unter einem anderen Directory abgelegt ist als die Datei mit dem Benutzerprogramm.

Um zum Beispiel das Programm in der Datei **date** aus Abbildung 1.2 auszuführen, kann man

    `/bin/date`

eingeben.

Die Eingabe läßt sich vereinfachen. Damit für *file* kein vollständiger Pfadname, wie im Beispiel **/bin/date**, angegeben werden muß, sucht Shell zunächst im Working-Directory, ob die Datei *file* dort eingetragen ist. Falls sie dort gefunden wird und das Attribut "ausführbar" besitzt (s. Abschn. 1.3.2), wird sie ausgeführt. Im anderen Fall werden von Shell weitere Directories, wie etwa **/bin** durchsucht. Deshalb genügt zur Ausführung von **date** einfach die Eingabe

    `date`

---

[1] Als ausführbares Programm wird hier ein übersetztes, d.h. in Maschinensprache vorliegendes und gebundenes Programm verstanden. Eine Kommandoprozedur ist eine Folge von Kommandos. In beiden Fällen wird davon ausgegangen, daß der Benutzer das Recht hat, die Datei auszuführen (executable).

Die Reihenfolge, in der im Dateibaum nach *file* gesucht wird, ist
standardmäßig vorgegeben, kann aber vom Benutzer auch selbst festgelegt werden. Es sei bereits hier darauf hingewiesen, daß es dafür eine
sogenannte Shell-Variable[2] mit dem Namen PATH gibt. PATH hat, je
nach System, etwa den Inhalt:

    `:/usr/local:/usr/bin:/bin`

Dies besagt, daß Shell zunächst im Working-Directory nach *file* suchen
soll (der leere Eintrag vor dem ersten ":" bedeudet Working-Directory).
Wenn *file* dort nicht existiert oder nicht ausführbar ist, wird im Directory **/usr/local** gesucht. Die weitere Reihenfolge ist **/usr/bin** und
/bin.

Dem Aufruf von *file* können *Argumente* (oder gleichbedeutend:
Parameter) mitgegeben werden, auf die das auszuführende Programm
bzw. die Kommandoprozedur zugreifen können. Die Argumente werden
durch jeweils mindestens ein Leerzeichen voneinander getrennt:

    file arg-1 arg-2 ... arg-n

Bei UNIX-Kommandos sind die Argumente häufig Namen von Dateien, die
von den Kommandos zu bearbeiten sind. Argumente mit einem vorangestellten "-"-Zeichen heißen *Flags*. Flags modifizieren den Kommando-
ablauf, wie die folgenden Beispiele zeigen:

cp f1 f2	kopiert (copy) die Datei **f1** auf **f2**
cp -i f1 f2	falls **f2** bereits existiert, wird erst nach Rückfrage beim Benutzer **f1** auf **f2** kopiert (-i=interactive).
ls	listet die Dateinamen im Working-Directory auf.
ls -l	listet Dateinamen, -größe, -eigentümer usw. der Dateien im Working-Directory auf (-l=long list)
ls /usr	listet alle Dateinamen im Directory **/usr** auf.
ls -lt dir	erzeugt "long list" der Dateien im Directory **/usr**, sortiert nach Datum des letzten Zugriffs (-t=time).

Schlüsselwortparameter der Form *"Parameter=Wert"* werden als
Argumente in UNIX-Kommandos kaum benutzt.

---

[2] Auf Shell-Variablen wird in Kapitel 2 und 5 noch näher eingegangen.

1.5.2 Standard Dateien

Der Begriff "standardmäßige Ein- und Ausgabe" wird in vielen Programmiersprachen benutzt. So hat z.B. ein Pascal-Programm P mit der Anfangszeile

```
PROGRAM P (INPUT, OUTPUT, ...)
```

standardmäßig eine Sequenz "INPUT", die mit dem Standard-Eingabemedium identifiziert wird, und eine Sequenz "OUTPUT", die mit dem Standard-Ausgabemedium identifiziert wird. Die Angabe der Sequenz "INPUT" oder "OUTPUT" darf bei Prozeduren wie "write", "read" usw. fehlen (einfache read/write-Anweisung).

Standard Ein- und Ausgabemedium in UNIX sind die beiden Dateien *stdin* (standard-input) für die Eingabe und *stdout* (standard-output) für die Ausgabe. Eine zweite Ausgabedatei heißt *stderr* (standard error), auf der nach Konvention UNIX-Kommandos Fehlermeldungen ausgeben.

stdin, stdout und stderr sind nur logische Namen, sie stehen als Synonyme für die Namen tatsächlich existierender Dateien. Mit dem Anmelden eines Benutzers an einem Terminal, das den Dateinamen /dev/tty1[3] trägt, werden stdin, stdout und stderr der Dateiname **/dev/tty1** zugewiesen (Primärzuweisung). Eine einfache **read**-Anweisung in einem Programm *P* bewirkt damit, daß *P* eine Eingabe von der Terminaltastatur erwartet, **write** schreibt auf den Terminalbildschirm. Fehlermeldungen eines UNIX-Kommandos (stderr) erscheinen ebenfalls auf dem Bildschirm.

1.5.3 Umlenkung

Die oben beschriebene Primärzuweisung für stdin, stdout und stderr kann vom Benutzer auf andere Dateien umgesetzt werden. Man bezeichnet das als *Umlenkung*.

Zur Erläuterung betrachten wir das Programm **sort**, das als Kommando in UNIX zur Verfügung steht. **sort** liest Eingabezeilen von stdin, sortiert sie lexikographisch und schreibt sie nach stdout.

---

[3] Wir erinnern daran, daß periphere Geräte, z.B. Terminals, unter UNIX wie Dateien behandelt werden.

Nach dem Aufruf

    sort

erwartet das Programm die Eingabe von Daten über die Terminaltastatur. Mit der Taste *RETURN* wird jeweils die Eingabe einer Zeile
abgeschlossen. Um die Eingabe zu beenden, muß am Terminal die
Bedingung Dateiende (End Of File, EOF) erzeugt werden. Je nach UNIX-
System geht das durch gleichzeitiges Drücken der Tasten *CONTROL*
(abgekürzt oft *CTRL*) und **d** oder *CONTROL* und **z**. **sort** schreibt jetzt
die eingegebenen Sätze in sortierter Reihenfolge auf stdout, d.h. auf
den Bildschirm.

    Mit den Symbolen "<" und ">" wird stdin und stdout umgelenkt. Die
Eingabe

    sort <eindatei

bewirkt, daß **sort** seine Daten nicht von der Terminaltastatur erwartet,
sondern aus der Datei **eindatei** liest. Analog wird mit

    sort >ausdatei

die Ausgabe auf **ausdatei** gelenkt. Falls **ausdatei** bereits existiert,
wird sie überschrieben[4] . Eine weitere Möglichkeit der Umlenkung ist:

    sort >>ausdatei

Damit wird die von **sort** erzeugte Ausgabe hinter dem schon vorhandenen Inhalt von **ausdatei** eingetragen. Falls **ausdatei** noch nicht
existiert, haben die Umlenkungen mit ">" und mit ">>" die gleiche
Wirkung.

"<" und ">" sind kombinierbar:

    sort <eindatei >ausdatei

liest von **eindatei** und schreibt nach **ausdatei**. Das Terminal wird
dann weder zur Ein- noch zur Ausgabe der Daten benutzt.

    Schließlich läst sich auch noch stderr umlenken. Mit

    sort 2>fehlerdatei

werden eventuelle Fehlermeldungen von **sort** nicht auf das Terminal,
sondern in die Datei **fehlerdatei** geschrieben.

    Das aufgerufene Programm, z.B. **sort**, weiß nichts von der
Umlenkung. Das Betriebssystem ist dafür zuständig, der Standarddatei
stdin eine reale Datei zuzuweisen und führt diese Zuweisung vor

---

[4] In einigen UNIX-Systemen kann der Benutzer selbst bestimmen, ob in diesem Fall
die Datei überschrieben oder das Kommando abgebrochen werden soll

Ausführung des Programms durch. Nach Ausführung des Programms
gilt wieder die Primärzuweisung. Das gleiche erfolgt analog mit stdout
und stderr. Daher funktioniert die beschriebene Umlenkung nicht nur
bei Kommandos, sondern auch bei selbst geschriebenen Programmen.

1.5.4 Filter und Pipes

Viele Kommandos in UNIX sind *Filter*: Filter sind Programme, die ihre
Daten von stdin lesen, sie verarbeiten und nach stdout schreiben. Normalerweise sind stdin und stdout die Terminaltastatur und der Bildschirm oder durch entsprechende Umlenkung eine Ein- und Ausgabedatei. Graphisch darstellen wollen wir einen Filter mit dem folgenden
Symbol:

$$\text{stdin} \implies \boxed{\text{Filter}} \implies \text{stdout}$$

Ein Beispiel für einen Filter haben wir mit dem Kommando **sort**
bereits kennengelernt. Dagegen sind die Kommandos **cp** oder **ls** keine
Filter.

Filter können zu einer *Pipe* (Datenröhre) zusammengesetzt werden.
Unter einer Pipe versteht man eine Folge von Kommandos (Filtern), bei
denen die Ausgabe des einen Filters als Eingabe für den nächsten Filter
dient. In der folgenden Abbildung werden Daten von einem Kommando
cmd_1 (z.B. **ls**) erzeugt und anschließend durch drei Filter cmd_2 bis
cmd_4 geleitet:

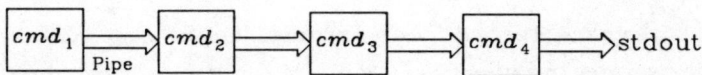

Am Terminal eingegegeben wird die abgebildete Pipe als Folge von
Kommandos, die mit dem Zeichen "|" verbunden werden. Die Komman-
dozeile

$$cmd_1 \mid cmd_2 \mid cmd_3 \mid cmd_4$$

bewirkt das gleiche wie die Eingabe

cmd_1 > hilfsdatei1

cmd_2 < hilfsdatei1 > hilfsdatei2

cmd_3 < hilfsdatei2 > hilfsdatei3

cmd_4 < hilfsdatei3

nur daß bei einer Pipe die für die Umlenkung benötigten Hilfsdateien nicht entstehen.

Auf die Hilfsdateien kann verzichtet werden, da bei einer Pipe die Kommandos nicht nacheinander, sondern gleichzeitig abgearbeitet werden.[5] Für die oben angegebene Pipe erzeugt Shell vier Prozesse (einen Prozeß für jedes Kommando), die parallel ablaufen. Die Synchronisation übernimmt das Betriebssystem nach dem Erzeuger-/Verbraucher-Prinzip in Abbildung 1.5.

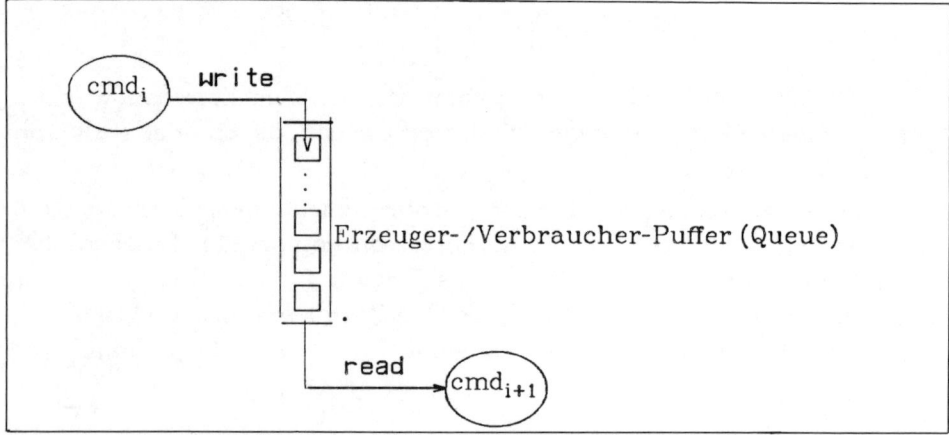

Abb. 1.5: Erzeuger-/Verbraucher-Prinzip beim Pipe-Konzept: Jede Ausführung einer read-*Anweisung in* cmd_{i+1} *"verbraucht" eine* write-*Anweisung aus* cmd_i. *Ist der Erzeuger-/Verbraucher-Puffer leer, wird beim Erreichen einer* read-*Anweisung* cmd_{i+1} *angehalten, bis eine neue* write-*Anweisung in* cmd_i *ausgeführt wird. Um einen Pufferüberlauf zu vermeiden, wartet* cmd_i *bei vollem Puffer auf die Ausführung von* read *in* cmd_{i+1}.

---

[5] Zum Begriff der Gleichzeitigkeit s. Abschnitt 1.4

1.5.5 Metazeichen

Metazeichen dienen der Arbeitserleichterung beim Eintippen von
Kommandos. Es sind Sonderzeichen, zum Beispiel "*", die in der
Argumentliste von Kommandos angegeben werden können. Bevor wir
die Metazeichen im einzelnen definieren, betrachten wir als Beispiel das
Kommando **pr** (print) zum Ausgeben von Dateien. Das Kommando

> **pr** axel alfa anton

gibt den Inhalt der Dateien **axel, alfa** und **anton** aus. Kürzer ist die
Schreibweise

> **pr** a*

mit der alle mit dem Buchstaben **a** beginnenden Dateien ausgegeben
werden. Der Stern ersetzt hier eine beliebige Zeichenfolge.

Die Anwendung von Metazeichen ist unabhängig vom aufgerufenen
Kommando. Shell bereitet zunächst die Metazeichen auf, ersetzt also
etwa **a*** durch "axel alfa anton", und übergibt erst dann die
Argumente dem aufgerufenen Kommando.

Zur Erläuterung der Metazeichen soll $\alpha\beta\gamma$ eine beliebige Zeichenfolge (ohne Leerzeichen) darstellen, die als Argument bei einem
Kommandoaufruf angegeben wird. β ist eines der im folgenden
erläuterten Sonderzeichen. α und γ können leere Zeichenfolgen sein.

$\alpha*\gamma$ $\alpha*\gamma$ steht für alle Dateinamen im Working-Directory, die mit α
beginnen und mit γ enden. Der Stern steht somit für eine
beliebige Zeichenfolge mit Länge $>= 0$.

$\alpha?\gamma$ $\alpha?$ steht für alle Dateinamen im Working-Directory, die mit α
beginnen und mit γ enden und dazwischen genau ein Zeichen
enthalten. Das Fragezeichen steht somit für eine beliebige Zeichenfolge mit Länge $= 1$.

$\alpha[\beta]\gamma$ β sei eine Zeichenfolge $a_1 a_2 ... a_n$, dann steht $\alpha[\beta]\gamma$ für alle
Dateinamen im Working-Directory, die mit α beginnen und mit
γ enden und dazwischen genau ein Zeichen a_i aus β enthalten.

\   Der Backslash "\" dient als *Quoting-Symbol*: das nachfolgende Zeichen wird nicht als Sonderzeichen interpretiert.

1.5.6 Kommando-Sequenzen und Hintergrund-Jobs

Eine Kommandozeile kann mehrere Kommandos enthalten, wobei die
einzelnen Kommandos durch Semikolon zu trennen sind. Diese
Kommandos werden dann hintereinander von Shell abgearbeitet. Die
Eingabe der Kommandozeile

   cmd_1; cmd_2; cmd_3 *(RETURN)*

hat die gleiche Wirkung wie die Eingabe von drei Zeilen

   cmd_1 *(RETURN)*

   cmd_2 *(RETURN)*

   cmd_3 *(RETURN)*

Mit Kommandosequenzen werden gern komplexere Aufträge
definiert, die zum Beispiel im Hintergrund ablaufen sollen. Die
Ausführung eines Prozesses im Hintergrund ist mit dem in Abschn. 1.3
beschriebenen Prozeß-Konzept kein Spezialfall: Sie wird dadurch realisiert, daß Shell nicht - wie im Dialogbetrieb - auf die Beendigung des
Sohnprozesses wartet, sondern gleich nach dem Erzeugen des Sohnprozesses vom Terminal das nächste Kommando liest, während der Sohnprozeß noch das letzte Kommando ausführt.

Syntaktisch wird ein solcher Hintergrundprozeß durch Anhängen
des Zeichens "**&**" an die auszuführende Kommandozeile definiert. Das
Kommando

   `sort < eindatei >sortdatei &`

bewirkt, daß der Inhalt der Datei `eindatei` lexikographisch sortiert in
die Datei `ausdatei` geschrieben wird. Nach Eingabe dieses Kommandos
ist Shell sofort für die Bearbeitung des nächsten Kommandos bereit,
ohne auf die Beendigung von `sort` zu warten. Die Prozeßnummer des
im Hintergrund ablaufenden Jobs wird angezeigt. Ohne Umlenkung der
Ausgabe auf `sortdatei` würden die vom Hintergrundjob erzeugten Ausgaben am Bildschirm erscheinen.

Die Shell-Syntax erlaubt auch Klammern, mit denen mehrere
Kommandos zusammengefaßt werden können. So wird zum Beispiel mit

   `(date; ls) >x &`

das augenblickliche Datum (Kommando `date`), gefolgt von einer Liste
der Dateinamen im Working-Directory (Kommando `ls`), in die Datei `x`
(Umlenkung `>x`) geschrieben. Das ganze läuft im Hintergrund ab (**&**).
Ohne Klammerung würde sich "`>x &`" allein auf `ls` beziehen.

1.5.7 Kommandoprozeduren

Wie auch in anderen Betriebssystemen können unter UNIX Folgen von
Kommandozeilen in eine Datei geschrieben werden, der Inhalt der Datei
heißt dann *Kommandoprozedur* oder auch *Shell Script*. Mit Aufruf des
Dateinamens werden die Kommandos in der Datei ausgeführt. Voraussetzung dafür ist lediglich, daß für die Datei das Attribut "executable"
vereinbart ist.

   Mit Kommandoprozeduren werden wir uns in Kapitel 5 noch eingehend beschäftigen.

2 Shell-Kommandos

In UNIX stehen, abhängig von der verwendeten Version, dem Benutzer über 100 Kommandos zur Verfügung. Wir beschränken uns hier auf die Erläuterung der Standard-Kommandos, die in ähnlicher Weise in jedem Betriebssystem anzutreffen sind. Die als Kommandos vorliegenden Software-Bausteine in UNIX werden wir in Kapitel 4 separat behandeln, mit Kommandoprozeduren und der Übersetzung von Programmen befassen wir uns in den Kapiteln 5 und 6.

Der UNIX-Kommandointerpreter heißt Shell, wir bezeichnen die Kommandos daher als Shell-Kommandos. Der Name Shell bedeutet "Schale" und soll verdeutlichen, daß der Kommandointerpreter die Schale um das Betriebssystem ist.

2.1 Zugang zum System

Der Benutzer identifiziert sich gegenüber dem UNIX-System mit einem *login-Namen* und einem *Paßwort*. Der login-Name wird vom Systemverwalter vergeben, das Paßwort kann vom Benutzer selbst gesetzt werden.

login-Sequenz

Nach Einschalten des Terminals und Drücken der *RETURN*-Taste erscheint am Bildschirm die Aufforderung

   login:

Jetzt muß der login-Name eingegeben und mit der *RETURN*-Taste zum Rechner übertragen werden. Falls bereits ein Paßwort existiert, fragt das System nach

   Password:

Das Paßwort wird eingegeben, es erscheint dabei aus Datenschutzgründen nicht am Bildschirm.

Sind login-Name und Paßwort korrekt, zeigt Shell nach einigen Informationsmeldungen mit einem *Prompt-Zeichen* an, daß sie auf die Eingabe eines Kommandos wartet. Als Prompt-Zeichen verwendet wird meist # oder $, in unseren Beispielen ist es das Zeichen $.

Sind login-Name oder Paßwort falsch, erscheint

```
login incorrect
```
am Bildschirm. Das System fragt dann erneut nach dem login-Namen.

Paßwort setzen

Mit dem Paßwort-Kommando **passwd** kann der Benutzer sein Paßwort
selbst definieren. Nach Eintippen von

passwd

fragt das System nach dem alten und neuen Paßwort. Nach zweimaliger
Eingabe des neuen Paßworts signalisiert das Prompt-Zeichen (**$**), daß
das Paßwort-Kommando beendet ist und ein neues Kommando eingegeben werden kann:

```
$ passwd
Old passwd:
New passwd:
Retype new passwd:
$
```


Tippfehler-Korrektur

Hat man sich bei der Eingabe eines Kommandos vertippt, wird mit @ das
jeweils letzte Zeichen in der aktuellen Eingabezeile gelöscht. # löscht
die ganze Zeile. Bei vielen Systemen werden statt # und @ andere
Tasten zum Löschen benutzt, etwa DEL oder CLEAR zum Löschen eines
Zeichens und ^U[1] zum Löschen einer Zeile. Hier gibt der Systemverwalter Auskunft.

Bereits mit *RETURN* übertragene Zeilen können nicht mehr
geändert und auch nicht für die erneute Eingabe genutzt werden.

Notbremse

Falls Probleme beim Arbeiten am Terminal auftreten und das System
z.B. keine Eingaben mehr annimmt, helfen spezielle Terminaltasten
weiter. Je nach Terminaltyp und UNIX-Umgebung sind dies die Tasten

---

[1] ^U bedeutet gleichzeitiges Drücken der Tasten CTRL und u

BREAK, DEL bzw. DELETE oder ^C[2] . Damit wird ein Interrupt-Signal an
das gerade laufende Programm geschickt, was zum Abbruch des Programms führt. Nach eventuell mehrfachem Tastendruck sollte das
Prompt-Zeichen wieder erscheinen. In "hartnäckigen Fällen" hilft die
in 2.7.2 am Ende dieses Kapitels beschriebene Vorgehensweise.

Logout-Sequenz

Wenn man seine Arbeit am Terminal beenden will, muß man sich vom
System abmelden (log out). In den meisten Systemen geht das durch
gleichzeitiges Drücken der Tasten CTRL und D (^D) oder CTRL und Z
(^Z). Damit wird am Terminal, das hier als Eingabedatei für Shell fun-
giert, eine *"END OF FILE"*-Bedingung erzeugt.

2.2 Manual-Benutzung und Systemauskunft

In der vom UNIX-Anbieter erhältlichen Benutzerdokumentation *Pro-
grammers Manual*, *Volume 1*, sind alle Kommandos in alphabetischer
Reihenfolge aufgeführt. Dabei hat sich diese Einteilung durchgesetzt:

    (1) Kommandos und Anwendungsprogramme
    (2) System-Aufrufe
    (3) Unterprogramm-Bibliotheken
    (4) Special-Files
    (5) Datei-Formate
    (6) Spiele
    (7) Verschiedenes
    (8) Administrator-Kommandos

Hinter jedem im Manual erwähnten Namen ist in Klammern die
Nummer des Kapitels angegeben, in dem der Name erläutert ist: date(1)
ist ein Kommando aus Kapitel 1, write(2) ist ein System-Aufruf. Diese
Terminologie findet man auch in anderen UNIX-Beschreibungen, um z.B.
zwischen einem Kommando und einem Unterprogramm-Aufruf zu unterscheiden: Mit sleep(1) ist das Kommando sleep gemeint, mit sleep(3) der
Unterprogrammaufruf.

---

[2] ^C bedeutet gleichzeitiges Drücken der Tasten CTRL und c

Bei UNIX-Systemen mit ausreichender peripherer Speicherkapazität[3] kann das Manual auch maschinenlesbar gespeichert und vom Benutzer am Terminal abgefragt werden. Sei *cmd* ein UNIX-Kommando, dann zeigt das Kommando

man *cmd*

den Manual-Eintrag von *cmd* auf dem Bildschirm. Der Eintrag umfaßt in der Regel mehrere Bildschirmseiten. Durch Drücken der Leertaste wird auf die nächste Bildschirmseite geblättert.

Mit dem Kommando

man -k *string*

werden die Kurzbeschreibungen (jeweils 1 Zeile) aller Kommandos gezeigt, die in ihrer Kurzbeschreibung die Zeichenkette *string* enthalten. So findet man zum Beispiel mit

man -k fortran

alle Kommandos, die zum Arbeiten mit FORTRAN gebraucht werden. Leider ist diese Form des **man**-Kommandos nicht in allen UNIX-Systemen implementiert. Manual-Einträge und Kurzbeschreibungen sind in englischer Sprache.

Unter UNIX existiert ein Lernprogramm, das die Kommandosprache erläutert und zum Üben auffordert.[4] Es wird mit

learn

aufgerufen. **learn** beschreibt UNIX-Kommandos und stellt dem Benutzer Aufgaben, die er mit den beschriebenen Kommandos lösen soll. Die Kommandos werden unter Kontrolle von **learn** ausgeführt.

---

[3] Der Speicherbedarf für Kapitel 1 des Manuals beträgt etwa 550 Kbyte, Kapitel 2 bis 8 belegen weitere 630 Kbyte

[4] Auch hier ist ausreichende Plattenspeicherkapazität die Voraussetzung. Die Textdateien für learn belegen etwa 500 Kbyte.

2.3 Statusabfrage

Wir lernen zunächst einige einfache Kommandos kennen, mit denen
jeder Benutzer Informationen über den Systemzustand abfragen kann.

Datum und Uhrzeit

Das Kommando **date** liefert Datum und Uhrzeit. Die Angabe **GMT+1:00**
im folgenden Beispiel bedeutet, daß wir uns in der westeuropäischen
Zeitzone (Greenwich Mean Time) + 1 Stunde befinden.

```
$ date
  Mon Dec  3 10:54:07 GMT+1:00 1984
$
```


Benutzernamen

Das Kommando **who** liefert die Namen aller Benutzer, die momentan am
System arbeiten, zusammen mit dem Namen ihres Terminals und dem
Sitzungsbeginn. Mit **who am i** werden diese Angaben nur über den
eigenen login-Namen gezeigt.

```
$ who
  max        tty12    Dec   3 07:44
  moritz     tty16    Dec   3 10:33
$ who am i
  max        tty12    Dec   3 07:44
$
```


Terminalname und -Eigenschaften

Den Namen seines Terminals erfährt der Benutzer mit dem Kommando
tty. Es wird der Pfadname der Gerätedatei ausgegeben, die sein
Terminal repräsentiert. Auskunft über einige Terminalcharakteristika
gibt das Kommando **stty**.

```
$ tty
  /dev/tty12
$ stty
  speed 9600 baud; -parity
  brkint -inpchk icnrl -ixany onlcr tab3
  echo echoe echok
$
```

Das Format der **stty**-Ausgabe hängt von der jeweiligen UNIX-Version ab. In unserem Beispiel (MUNIX 5.2 der Firma PCS) besagen die Angaben unter anderem, daß die Datenübertragung mit 9600 baud ohne Erzeugung eines Paritätsbits (**-parity**) erfolgt. Alle eingegebenen druckbaren Zeichen werden vom Rechner zum Terminalbildschirm übertragen (**echo**). Für die Erläuterung der anderen Angaben verweisen wir auf das Manual des Herstellers.

Prozeßstatus

Das Kommando **ps** informiert den Benutzer über die unter seinem Namen ablaufenden Prozesse.

```
$ ps
    PID    TT    STAT    TIME COMMAND
  10234 tty12    I      0:04 sh
  10343 tty12    R      0:02 ps
$
```

Es laufen zwei Prozesse am Terminal (**TT**) **tty12** mit der jeweils unter **PID** angegebenen Prozeßnummer. Im ersten Prozeß arbeitet seit 4 Sekunden der Kommando-Interpreter Shell (**sh**), im zweiten Prozeß das Kommando **ps**. Der Shell-Prozeß befindet sich im Zustand (**STAT**) "idle" (**I**), ist also untätig, während der zweite Prozeß gerade von der CPU bearbeitet wird (running: **R**).

Aus unserer Betrachtung der Prozeßverwaltung in Abschnitt 1.4.2 wissen wir, daß **sh** offensichtlich der Vaterprozeß ist, der zur Ausführung des Kommandos **ps** einen Sohnprozeß erzeugt hat und jetzt auf die Beendigung des Sohnprozesses wartet.

Argumente und Variablen

Das sicherlich einfachste UNIX-Kommando heißt **echo**. Die beim Aufruf
von **echo** angegebenen Argumente werden auf stdout ausgegeben. Das
folgende **echo**-Kommando zeigt die Wirkung:

```
$ echo das sind vier Woerter
  das sind vier Woerter
$
```

Bevor Shell die Argumente an echo übergibt, werden sie, wie bei allen
anderen Kommandos auch, aufbereitet. Dazu gehört die Interpretation
von Metazeichen (Abschn. 1.5.5). So erzeugt Shell zum Beispiel aus dem
Argument "*" zunächst die Namen aller Dateien im Working-Directory
und übergibt diese Namensliste dann dem aufgerufenen Kommando. Die
Eingabe

```
echo *
```

liefert daher alle Dateinamen im Working-Directory.[5]

   Zur Statusabfrage wird **echo** in Verbindung mit Shell-Variablen
benutzt. In Abschn. 1.5.1 wurde die Variable **PATH** erläutert, ihr Inhalt
läßt sich mit

```
$ echo $PATH
```

anzeigen. Eine Übersicht über die von Shell benutzten Variablen gibt
der folgende Kommandodialog.

```
$ echo $PATH          Kommando-Suchpfad
  :/bin:/usr/bin
$ echo $HOME          Home-Directory
  /usr/moritz
$ echo $TERM          Terminaltyp
  vt100
$ echo $USER          Name des Benutzers
  moritz
$
```

---

[5] Selbstverständlich gibt es für das Zeigen von Dateinamen noch spezielle
Kommandos. Das Beispiel soll lediglich auf die Interpretation von Metazeichen hinweisen.

2.4 Navigieren im Dateisystem

Wir haben die Begriffe *Working-Directory* und *Home-Directory* in
Abschn. 1.3 erläutert. Der Name des Working-Directory wird mit dem
Kommando **pwd** (print Working-Directory) angezeigt. Das Working-
Directory wird automatisch nach dem login eines Benutzers zum Home-
Directory und kann mit dem Kommando

> **cd** *directory*

auf *Directory* umgesetzt werden (change Directory). Mit **cd** ohne
Angabe eines Directory kehrt der Benutzer zu seinem Home-Directory
zurück.

Der folgende Kommandodialog des Benutzers moritz mit Home-
Directory **/usr/moritz** (Abb. 2.1) zeigt die Wirkung von **pwd** und **cd**.
Das Working-Directory wird mehrfach umgesetzt und mit **pwd** jeweils
gezeigt:

```
$ pwd               Zeige Working-Directory
/usr/moritz
$ cd /dev           Setze Working-Directory = /dev
$ pwd
/dev
$ cd                Zurück zum Home-Directory
$ pwd
/usr/moritz
$ cd ../max         Setze Working-Directory
$ pwd                      = <Vorgänger Directory>/max
/usr/max
$ cd
$
```

Die Namen und Attribute der an einem Directory hängenden Dateien
werden mit dem Kommando **ls** (list) ausgegeben. Beim Aufruf von **ls**
können Directory-Namen angegeben werden; fehlen sie, werden die
Namen von Dateien im Working-Directory (hier: **/usr/moritz** in Abb.
2.1) gezeigt:

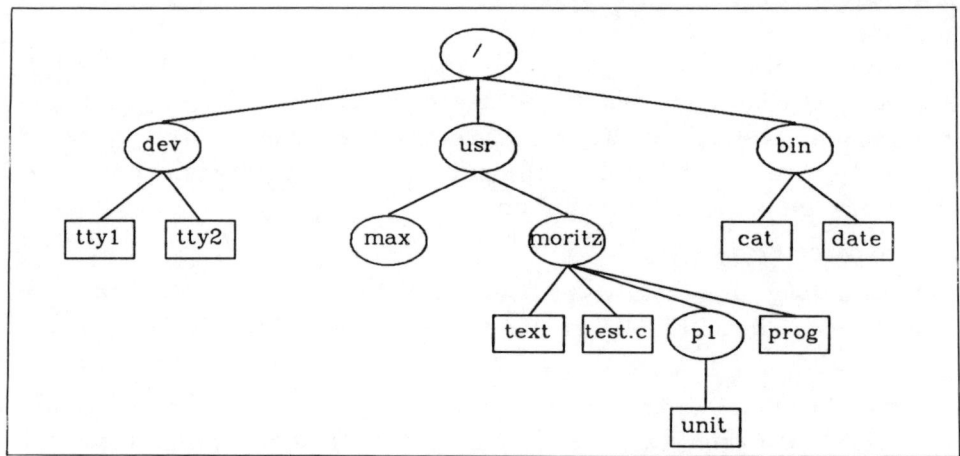

Abb. 2.1 Ausschnitt aus einem UNIX-Dateisystem

```
$ ls
p1 prog test.c text
$ ls /dev
tty1   tty2
$ ls /usr/max
$
```

An der ersten Ausgabe erkennen wir, daß nur die direkten Nachfolger angezeigt werden und nicht die Nachfolger von **p1**. An der Ausgabe läßt sich nicht erkennen, daß **p1** ein Directory ist. Die Angabe
/usr/max im letzten **ls**-Kommando bewirkt keine Ausgabe, da
/usr/max keine Dateien enthält.

In Verbindung mit Metazeichen zeigt **ls** einen größeren Ausschnitt
aus dem Dateisystem. Der Parameter **/*** im folgenden **ls**-Kommando
steht für alle am Knoten root (/) hängenden Dateien.   **ls /*** ist in
unserem Beispiel (Abb. 2.1) daher äquivalent zum Aufruf **ls /dev /usr
/bin:**

```
$ ls /*
/dev:
tty1   tty2
/usr:
max    moritz
/bin:
cat date
$
```

Größere Ausschnitte aus dem Dateisystem lassen sich auch mit

ls -R *directory* ...

betrachten.[6] Es werden alle Knoten gezeigt, die vom Knoten *Directory* aus erreichbar sind. Das Flag -R steht für *rekursiv* und muß großgeschrieben werden.

Zusätzlich zu den Dateinamen werden beim Aufruf mit dem Flag -l (long)

ls -l *directory* ...

auch die Dateiattribute gezeigt. Für jede Datei wird eine Zeile ausgegeben (s. Abb. 2.2).

Sucht man eine Datei und weiß nicht, in welchem Directory sie abgelegt ist, ist das Durchsuchen des Dateisystems mit dem ls-Kommando recht mühsam. Für diesen Fall gibt es das Kommando find. Der etwas kompliziert aussehende Aufruf

find *directory* -name *filename* -print

durchsucht ab dem angegebenen *Directory* den Dateibaum nach einer Datei mit dem Namen *filename*. Zum Beispiel gibt

find /usr -name prog -print

die Pfadnamen aller Dateien prog aus, die unterhalb von /usr stehen.

---

[6] Die drei Pünktchen in *directory* ... bedeuten, daß der vor den Pünktchen stehende Bezeichner beliebig oft wiederholt werden darf.

```
$ ls -l
drwxr-x--x  2    moritz   512      Oct 18 09:30   p1
-rwxr-x---  1    moritz   3072     Oct 18 09:30   prog
-rw-r-----  1    moritz   2192     Oct 18 09:30   test.c
-rw-r--r--  1    moritz   5690     Oct 18 09:30   text
  Zugriff   L   Eigent.   Größe    Datum/Zeit      Name
```

Dabei bedeuten:

Zugriff   Typ der Datei und Zugriffsberechtigungen.

Das erste Zeichen kennzeichnet den Dateityp:

d = Directory
- = einfache Datei
c = Gerätedatei für zeichenweisen Zugriff
    (z.B. Terminal, Matrixdrucker)
b = Gerätedatei für blockweisen Zugriff
    (z.B. Plattenspeicher)

Die nächsten neun Buchstaben kennzeichnen die Zugriffsberechtigungen: Die ersten drei Buchstaben geben die Berechtigungen für den Eigentümer der Datei an, die nächsten drei für Benutzer aus der gleichen Gruppe und die letzten drei für alle anderen Benutzer. Die Buchstaben bedeuten:

r = Lesezugriff
w = Schreibzugriff
x = Ausführungsberechtigung

L   Anzahl der "Links", siehe ln-Kommando in Abschn. 2.6.2

Eigent.   Eigentümer der Datei

Größe   Größe der Datei in Bytes

Datum   Datum und Uhrzeit der letzten Änderung an der Datei

Name   Name der Datei

Abb. 2.2: Format der Ausgabe von ls -l *zum Zeigen von Dateinamen und -attributen im Working-Directory* /usr/moritz

2.5 Datei-Inhalt betrachten

Hier werden Kommandos behandelt, um den Inhalt einer Datei oder
Teile davon am Bildschirm oder einem Drucker auszugeben.

2.5.1 Ausgabe am Terminal

Das unter allen UNIX-Versionen verfügbare Standardkommando zum
Zeigen von Datei-Inhalten am Terminal ist

   cat *file 1 file 2* ...

Der Kommandoname **cat** kommt von engl. "concatenate"
(zusammenfügen). Die als Parameter angegebenen Dateien werden
aneinandergehängt (auf den Inhalt von *file 1* folgt der Inhalt von *file 2*
usw.) und auf stdout ausgegeben. Die Ausgabe auf stdout wird aus-
genutzt, um mit

   cat *file*

den Inhalt einer Datei *file* am Bildschirm zu zeigen.

cat ist kein Spezialkommando für die Ausgabe am Terminal: Es verwandelt weder nicht-druckbare Zeichen in druckbare Zeichen, noch
wird die Ausgabe nach jeweils einer Bildschirmseite angehalten.
Mittlerweile existieren benutzerfreundlichere Kommandos, die aber
leider unter den verschiedenen UNIX-Versionen nicht einheitlich sind.

Unter den von Berkeley-UNIX abstammenden Versionen gibt es die
beiden Kommandos

   page *file*
   more *file*

Beide Kommandos geben die Datei *file* seitenweise am Bildschirm
aus: ist der Bildschirm vollgeschrieben, hält die Ausgabe an. Bei Eingabe des Leerzeichens wird die nächste Bildschirmseite gezeigt, bei Eingabe von ^L die vorhergehende. Die Eingabe **h** (help) liefert eine Liste
aller im Kommando verfügbaren Funktionen, etwa dem Suchen von Zeichenketten oder dem Überspringen von Zeilen.

Fehlen die Kommandos **page** und **more**, läßt sich eine seitenweise
Ausgabe auch durch eine Spezialform des **pr**-Kommandos erreichen.
pr ist ein Werkzeug zur Aufbereitung von Textdateien und wird in
Abschn. 4.1 noch eingehend betrachtet. Mit

---

    pr -p -l24 *file*

wird die Datei *file* auf stdout ausgegeben. Nach jeweils einer Seite von
24 Zeilen (-l24) erfolgt eine Pause (-p), durch Betätigen der Leertaste
wird die nächste Seite angezeigt.

   Um Binärdateien (Dateien mit nicht-druckbaren Zeichen) am Bildschirm zu betrachten, gibt es das Kommando **od** (octal dump). Mit

    od *file*

wird der Inhalt von *file* in oktaler Darstellung am Bildschirm gezeigt.

2.5.2 Erkennen des Datei-Inhalts

Es kommt vor, daß man den Namen einer Datei vergessen hat. Um zu
erkennen, ob die vermutete Datei die richtige ist, genügt es meist, nur
die ersten oder letzten Zeilen des Dateiinhalts zu betrachten.

   Das Kommando

    head *file* ...

zeigt jeweils die ersten zehn Zeilen der Dateien *file* ... an. Entsprechend
werden mit

    tail *file* ...

die letzten zehn Zeilen gezeigt. Wir werden diese Kommandos später
noch für weitere Aufgaben einsetzen.

   Während bei **head** und **tail** der Benutzer selbst die Art des Dateiinhalts erkennen muß, versucht das Kommando **file**, ihm diese Arbeit
abzunehmen. Es analysiert den Inhalt der als Parameter angegebenen
Dateien und versucht eine Klassifikation. Im folgenden Beispiel werden
die Dateien im Directory /usr/moritz mit dem **file**-Kommando untersucht:

```
$ file /usr/moritz/*
test.c:    C program text
text:      english text
p1:        directory
prog:      executable
$
```

2.5.3 Dateien ausdrucken

Das Kommando

  lpr *file* ...

gibt den Inhalt der als Parameter angegebenen Dateien *file* ... auf einem
Drucker aus (lpr=line printer). Die Art der Textaufbereitung ist
systemabhängig. Unter Berkeley-UNIX werden die Dateien ohne weitere
Aufbereitung zum Drucker übertragen, für die Ausgabe mit Kopfzeilen
und Seitenvorschüben gibt es dort das Kommando **print**.

2.6 Änderungen im Dateisystem

Mit den bisher vorgestellten Kommandos haben wir das Dateisystem nur
beobachtet und es sonst unverändert gelassen. Jetzt greifen wir mit
Kommandos zum Kopieren und Löschen in das Dateisystem ein. Behandelt wird auch das Ändern von Dateien und ihrem Zugriffs-Schutz sowie
das Erzeugen von Directories.

2.6.1 Dateien kopieren

Für das Kopier-Kommando **cp** gibt es zwei Formate:

  cp *source target*   und
  cp *source1 source2 ... target-directory*

Im ersten Fall erzeugt **cp** eine neue Datei *target* und kopiert den Inhalt
von *source* nach *target*. Falls *target* bereits existiert, wird sie
überschrieben. Nach Ausführung des Kommandos gibt es zwei Dateien
mit gleichem Inhalt. Im zweiten Fall ist als target ein Directory-Name
angegeben. Die Dateien *source1 source2* ... werden unter Beibehaltung
ihres Namens in das Directory *target-directory* kopiert.

In Abbildung 2.3 ist die Wirkung von drei copy-Kommandos dargestellt. Die mit den Kommandos gegenüber dem ursprünglichen Dateisystem in Abbildung 2.1 neu erzeugten Dateien sind gestrichelt gezeichnet. Zunächst wird die Datei **date** aus dem Directory **/bin** in die Datei
mydate im Working-Directory **/usr/moritz** kopiert. Mit dem zweiten **cp**-
Kommando werden alle mit dem Buchstaben "t" anfangenden

```
$ pwd
/usr/moritz
$ cp /bin/date mydate
$ cp t* p1
$ cp * /usr/max
```

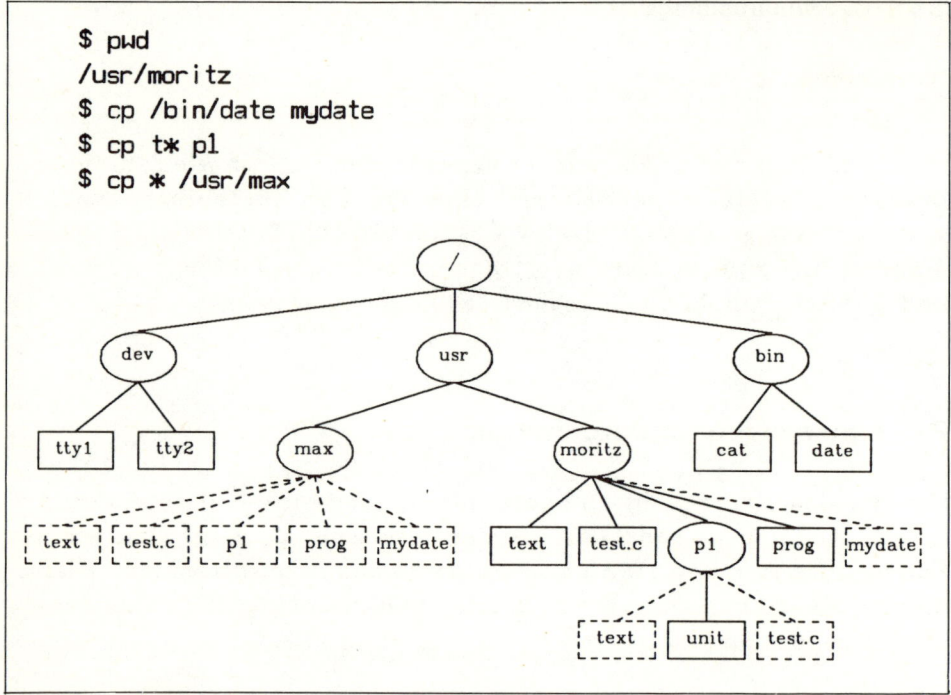

Abb. 2.3: Das Dateisystem aus Abb. 2.1 nach Ausführen der angegebenen Kopier-Kommandos (cp). Die neu erzeugten Dateien sind gestrichelt gezeichnet.

Dateinamen im Working-Directory unter Beibehaltung ihres Namens in das Directory **p1** kopiert. Am letzten Kommando erkennen wir, daß **cp** nicht rekursiv arbeitet: es werden alle Dateien (**test.c, text, prog, myprog**) und das Directory[7] (**p1**) aus dem Working-Directory **/usr/moritz** in das Directory **/usr/max** kopiert; die Dateien von **p1** werden aber nicht mitkopiert.

---

[7] Das Directory wird in einigen UNIX-Systemen nur als Datei kopiert, d.h. im Directory **/usr/max** ist **p1** eine normale Datei. Andere UNIX-Systeme geben eine Fehlermeldung aus und kopieren **p1** nicht.

2.6.2 Dateinamen ändern

Die gleichen Formate wie das Kopier-Kommando **cp** haben die beiden
Kommandos **ln** (link) und **mv** (move):

> **ln** *source target*   und   **ln** *source1 source2 ... target-directory*
> **mv** *source target*   und   **mv** *source1 source2 ... target-directory*

Das Kommando **ln** weist der Datei *source* zusätzlich den Namen
target zu.

```
$ pwd
/usr/moritz
$ ln /bin/cat zeige
$ ln text /usr/max
$ ls -l
drwxr-x--x 2  moritz     512 Dec  8 12:10  p1
-rwxr-x--- 1  moritz    2192 Oct 18 09:30  prog
-rw-r----- 1  moritz    2192 Oct 18 09:30  test.c
-rw-r--r-- 2  moritz    2192 Dec 10 17:22  text
-r-x--x--x 2  root      4096 Dec 23 1983   zeige
```

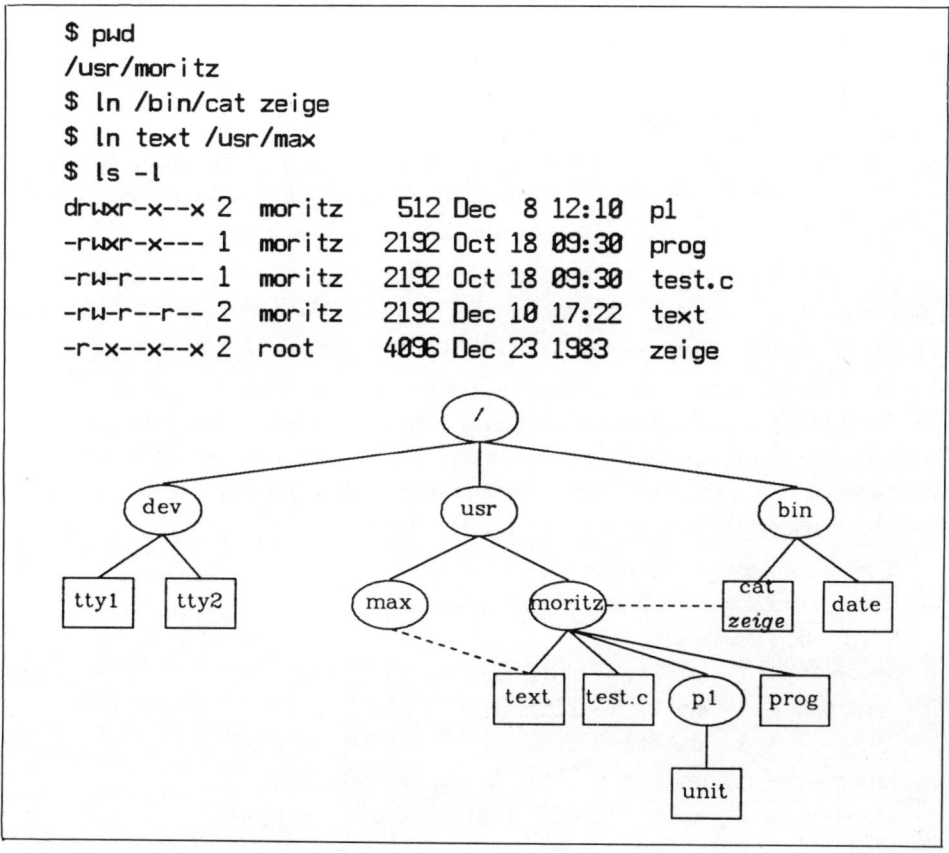

*Abb. 2.4: Zwei typische Anwendungen des ln-Kommandos. Nach der
ersten* **ln***-Anweisung kann der Benutzer* **moritz** *das Kommando* **cat**
auch unter dem Namen **zeige** *aufrufen (s. 1.5.1). Eigentümer der Datei bleibt aber der Systemverwalter (Benutzername:* **root***). Das zweite*
ln*-Kommando erlaubt dem Benutzer* **max***, die Datei* **text** *von seinem
Home-Directory zu erreichen.*

Im Gegensatz zu **cp** wird keine Kopie von *source* erzeugt, vielmehr ist dieselbe Datei jetzt unter zwei verschiedenen Namen, *source* und *target*, ansprechbar.

Abb. 2.4 verdeutlicht die Wirkung des **ln**-Kommandos. Es wird eine zusätzliche Verbindung, ein "link", in das Dateisystem eingebaut (gestrichelt gezeichnet), so daß eine Datei jetzt auf zwei verschiedenen Pfaden erreichbar ist. Bei Angabe eines Directories als *target* werden Verbindungen zwischen dem angegebenen Directory und den Dateien *source1*, *source2* ... hergestellt.

Mit dem Kommando **mv** (move) werden Dateien umbenannt. Nach Ausführung von

> **mv test.c neuername**

ist der Name **test.c** nicht mehr vorhanden. Die ursprünglich damit bezeichnete Datei heißt jetzt **neuername**. Falls eine Datei **neuername** bereits existiert hat, wird sie vor der Umbenennung gelöscht.

Die Anwendung von **mv** beschränkt sich nicht auf die Umbenennung von Dateien im gleichen Directory. Es können Dateien von einem Directory in ein anderes Directory bewegt werden (Abb. 2.5).

Im folgenden Kommandodialog werden im Filesystem aus Abbildung 2.4 alle Dateien und Directories von **/usr/moritz** nach **/usr/max** bewegt. Das anschließende **ls**-Kommando zeigt die Dateien unter **/usr/max** und **/usr/max/p1** (= **./p1**). Wir erkennen, daß ähnlich dem **ln**-Kommando, auch bei **mv** der Dateieigentümer nicht umgesetzt wird:

```
$ mv /usr/moritz/* /usr/max
$ mv /usr/moritz/p1/unit /usr/max/p1
$ ls -lR /usr/max
drwxr-x--x 2  moritz     512 Dec 11 13:10  p1
-rwxr-x--- 1  moritz    2192 Dec 11 13:10  prog
-rw-r----- 1  moritz    2192 Dec 11 13:10  test.c
-rw-r--r-- 1  moritz    2192 Dec 11 13:10  text
-r-x--x--x 2  root      4096 Dec 23 1983   zeige
./p1
-rw-r--r-- 1  moritz     412 Dec 11 13:11  unit
```

2.6.3 Zugriffsrechte ändern

Mit dem **chmod** (change mode) kann der Dateieigentümer die Zugriffsrechte read (**r**), write (**w**) und execute (**x**) für seine Dateien ändern. Er legt fest, welche Rechte ihm selbst (**u** = user), seiner Gruppe (**g** = group) und anderen Systembenutzern (**o** = other) eingeräumt (+) und genommen (-) werden. Mit

    chmod g+w text

erlaubt der Inhaber der Datei **text** seinen Gruppenmitgliedern, die Datei **text** zu beschreiben. Nach

    chmod go-rwx prog

sind Gruppenmitgliedern und anderen Benutzern alle Zugriffsrechte auf die Datei **prog** genommen. Durch

    chmod ug=x procedure

wird die Datei **procedure** für den Eigentümer und die Gruppenmitglieder als ausführbar markiert.

Für das **chmod**-Kommando gibt es ein zweites Format, bei dem die Zugriffsrechte durch eine Oktalzahl spezifiziert werden, die sich als Summe folgender Werte ergibt:

400	Lese-Erlaubnis für den Dateieigentümer
200	Schreib-Erlaubnis für den Dateieigentümer
100	Ausführungs-Erlaubnis für den Dateieigentümer
040	Lese-Erlaubnis für Gruppenmitglieder des Eigentümers
020	Schreib-Erlaubnis für Gruppenmitglieder des Eigentümers
010	Ausführungs-Erlaubnis für Gruppenmitglieder des Eigentümers
004	Lese-Erlaubnis für alle anderen Benutzer
002	Schreib-Erlaubnis für alle anderen Benutzer
001	Ausführungs-Erlaubnis für alle anderen Benutzer

Mit

    chmod 640 text

werden dem Eigentümer von **text** Lese- und Schreibberechtigung eingeräumt, seine Gruppenmitglieder dürfen die Datei lesen, andere Benutzer haben keine Zugriffsrechte.

2.6.4 Dateien und Directories löschen

Das Kommando zum Löschen von Dateien heißt **rm** (remove) und hat die
Form

   rm *file* ...

Die als Parameter angegebenen Dateien werden gelöscht, genauer: ihr
Directory-Eintrag wird entfernt. So sind im Working-Directory
/usr/moritz die in Abbildung 2.4 enthaltenen Dateien **zeige** und **text**
nach Ausführung von

   rm zeige prog

aus dem Directory **/usr/moritz** gelöscht. Während die Datei **prog** ganz
verschwunden ist, bleibt der Inhalt von **zeige** noch unter dem Namen
/bin/cat erreichbar. Erst mit

   rm /bin/cat

wird auch diese Datei endgültig entfernt.

   rm löscht in der angegebenen Form keine Directories. Im Working-
Directory **/usr/moritz** werden mit

   rm *

alle vorhandenen Dateien entfernt (**test.c**, **text**, **prog**), das Directory
p1 und seine Nachfolger bleiben aber erhalten.

   Zum Löschen von Directories dient das Kommando

   rmdir *directory* ...

Es löscht die als Parameter angegebenen Directories. Voraussetzung
ist, daß die Directories keine Nachfolger enthalten, also leer sind. Vor
dem Löschen von **p1** muß daher die Datei **unit** entfernt werden:

   $ rm p1/unit
   $ rmdir p1
   $

   Die gleiche Wirkung wird mit

   $ rm -r p1
   $

erreicht. Das Flag **-r** (rekursiv) bewirkt, daß alle Nachfolger von **p1**
und **p1** selbst gelöscht werden, d.h. der Teilbaum mit Wurzel **p1** wird
entfernt.

   Bei rekursivem Löschen oder bei Anwendung von Metazeichen im
rm-Kommando empfiehlt sich das interactive-Flag **-i**. Bei

rm -i *file* ...

fragt das System vor dem Löschen jeder Datei, ob die Datei tatsächlich gelöscht werden soll. Bei

rm -ri *directory* ...

bezieht sicht diese Frage auf das Untersuchen von Directories.

2.6.5 Directories erzeugen

Mit dem Kommando

mkdir *directory* ...

werden die als Parameter angegebenen Directories erzeugt und an das Working-Directory gehängt. Das Working-Directory wird mit mkdir (make Directory) nicht umgesetzt, wie der folgende Benutzerdialog zeigt:

```
$ pwd
/usr/moritz
$ ls
test.c  text  p1  prog
$ mkdir neudir
$ ls
neudir  test.c  text  p1  prog
$ cd neudir
$ pwd
/usr/moritz/neudir
$
```


2.7 Prozesse steuern

Nachdem wir die Kommandos zur Statusabfrage und zum Arbeiten im Dateisystem kennengelernt haben, schließen wir das Kapitel mit vier Kommandos zur Steuerung von Prozessen ab.

2.7.1 Prioritäten setzen, Hintergrundprozesse

Normalerweise will der Benutzer seine eingegebenen Kommandos vom
Rechner so schnell wie möglich ausgeführt bekommen. Es gibt aber
auch Aktivitäten, die nicht so eilig sind und die daher zugunsten
anderer Prozesse mit einer niederen Priorität ablaufen dürfen. Für diesen Zweck bewirkt die Eingabe

    nice *command*

die Ausführung des Kommandos *command* mit einer niederen Priorität.
So dauert z.B. das Kopier-Kommando cp mit

    nice cp * /usr/moritz

länger, dafür können aber andere Prozesse vom Rechner schneller
bedient werden. Ein Verbessern der eigenen Priorität mit dem **nice**-
Kommando ist nur durch den Systemverwalter möglich.

Die **nice**-Anweisung wird oft in Verbindung mit Hintergrundprozes-
sen benutzt. Wie in Kap. 1.5.6 bereits beschrieben, bewirkt das Zeichen
& in der Kommandozeile

    command **&**

die Ausführung des Kommandos *command* im Hintergrund. **nice** und **&**
zusammen führen ein Kommando mit niederer Priorität im Hintergrund
aus, zum Beispiel:

    nice cp * /usr/moritz **&**

Beim Abmelden am Terminal (log out) werden auch alle im Hintergrund ablaufenden Prozesse beendet. Das kann mit dem **nohup**-
Kommando (no hangup) verhindert werden. Es wird ähnlich wie **nice** in
der Form

    nohup *command* **&**

aufgerufen. Das Kommando *command* läuft dann im Hintergrund (**&**)
auch nach dem Verlassen des Terminals weiter.

2.7.2 Prozesse abbrechen

Unter der Überschrift ''Notbremse'' haben wir am Anfang dieses Kapitels beschrieben, wie ein Prozeß vom Terminal aus abgebrochen werden
kann. In ''hartnäckigen Fällen'' oder bei nohup-Hintergrundprozessen
hilft das Verfahren aber nicht.

Zum Abbrechen eines Prozesses gibt es noch das Kommando

kill *Prozeßnummer*   und   **kill** *-9 Prozeßnummer*

Der Prozeß mit der angegebenen *Prozeßnummer* wird beendet. Das Flag **-9** verstärkt die Wirkung des **kill**-Kommandos, der Prozeß wird dann in jedem Fall entfernt. Die Wirkung des Kommandos ist selbstverständich in beiden Fällen nur auf Prozesse beschränkt, die vom Benutzer selbst erzeugt wurden.

Wenn das Terminal durch den abzubrechenden Prozeß blockiert ist, kann natürlich an dem Terminal kein **kill**-Kommando eingegeben werden. In diesem Fall meldet man sich an einem anderen Terminal an (login), erfragt mit dem **ps**-Kommando die Prozeßnummer des Übeltäters und entfernt ihn mit dem **kill**-Kommando.

3 Der Bildschirmeditor vi

Mit einem Editor können über die Terminaltastatur Texte in Dateien eingetragen, geändert und gelesen werden. Unter UNIX gibt es verschiedene Editoren. Während in älteren UNIX-Versionen ausschließlich der Editor **ed** zur Verfügung steht, enthalten heute fast alle UNIX-Systeme zusätzlich den Editor **vi**.

Mit **vi** wird während der Bearbeitung einer Datei jeweils ein Dateiausschnitt am Bildschirm gezeigt. Diesen Ausschnitt bezeichnet man als Fenster. Auf der ganzen Bildschirmseite können Zeichen einfach durch Überschreiben geändert oder neue Zeichen eingefügt werden. Im Gegensatz zu dieser bildschirmorientierten Vorgehensweise arbeitet der Editor **ed** zeilenorientiert. Die Änderung eines Zeichens in einer Zeile erfolgt entweder durch Neueingabe der ganzen Zeile oder durch ein Kommando zum Suchen und Ersetzen von Zeichenketten in der Zeile.

Weil der Editor **vi** komfortabler als **ed** ist und daher auch bevorzugt benutzt wird, beschreiben wir hier den Editor **vi**. Es sei aber erwähnt, daß es neben **vi** in einigen herstellerbezogenen UNIX-Versionen weitere Editoren mit sehr einfacher Bedienung gibt.

3.1 Grundlagen

3.1.1 vi aufrufen und beenden

Das Kommando

vi *datei*

lädt die Datei *datei* vom Plattenspeicher in einen Teil des Hauptspeichers, dem Editor-Buffer, und zeigt die ersten 23 Zeilen von *datei* auf dem Bildschirm. Falls eine Datei mit Namen *datei* noch nicht existiert, wird sie vom Editor selbständig angelegt.

Mit **vi**-Kommandos kann jetzt der Inhalt des Buffers bearbeitet - z.B. Text eingefügt werden. Der Inhalt von *datei* bleibt aber solange unverändert, bis der bearbeitete Buffer mit **:w**, gefolgt von *RETURN*, auf den Plattenspeicher zurückgeschrieben (gerettet) wird.

Beendet wird **vi** mit einem der folgenden (mit *RETURN* abzuschließenden) Kommandos:

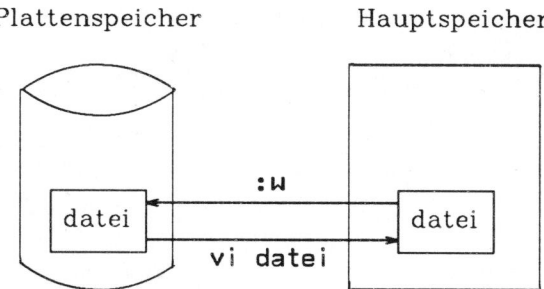

Plattenspeicher   Hauptspeicher

Abb. 3.1: Editorbuffer

:q beendet den Editor. Das Kommando wird nur akzeptiert, wenn vorher der Bufferinhalt mit **:w** gerettet und seitdem bzw. seit dem Aufruf vom **vi** nicht mehr modifiziert wurde.

:wq entspricht dem Hintereinanderausführen von **:w** und **:q**. Der Bufferinhalt überschreibt die alte Version von *datei*, **vi** wird beendet.   **:wq** ist der übliche Ausstieg aus **vi**. Je nach System wird auch das Kommando **ZZ** statt **:wq** benutzt. Die Mnemonic von **ZZ** soll an "schlafen" erinnern.

:q! beendet den Editor, auch wenn der Bufferinhalt vorher nicht gerettet wurde.   **:q!** wird benutzt, wenn man die im Editor durchgeführten Modifikationen im Buffer nicht in *datei* übernehmen möchte.

Tritt während der Arbeit mit **vi** ein System-Crash durch Hardware- oder Betriebssystemfehler auf, geht der Inhalt des Hauptspeichers und somit auch der Editor-Buffer verloren. Auch wenn solche Ereignisse nur selten vorkommen, empfiehlt es sich doch, bei längeren Arbeiten mit **vi** gelegentlich den Bufferinhalt mit **:w** zu retten.

Als zusätzliche Sicherung führt **vi** Protokoll über die vom Benutzer ausgeführten Editier-Operationen. Dieses Protokoll wird direkt auf den Plattenspeicher geschrieben und ermöglicht damit oft eine Wiederherstellung des beim Crash zerstörten Buffer-Inhalts. Trat beim Editieren der Datei *datei* ein Systemzusammenbruch auf, kann, nachdem der Rechner wieder läuft, mit dem Kommando

   vi -r *datei*

der Editor veranlaßt werden, den verlorengegangenen Bufferinhalt wieder herzustellen und dem Benutzer zur weiteren Bearbeitung am Bildschirm anzuzeigen.

3.1.2 Kommando-Eingabe

Mit dem Start von vi befindet sich der Editor in einem Modus, in dem er
die Eingabe von Kommandos erwartet. D.h. der Editor ist in diesem
Modus nicht für die Texteingabe in die zu bearbeitende Datei bereit.

Die meisten vi-Kommandos bestehen nur aus ein oder zwei Zeichen
und werden nicht mit der *RETURN*-Taste abgeschlossen. Das eingegebene Kommando erscheint auch nicht auf dem Bildschirm, sondern
man sieht nur die Wirkung des Kommandos, zum Beispiel

* Bildschirmfenster und Cursor positionieren

* Einfügen von Text ermöglichen

* Zeichen oder Zeilen entfernen

Die Wirkung der Kommandos bezieht sich auf das aktuelle Zeichen
bzw. die aktuelle Zeile. Das ist das Zeichen, auf das der Cursor positioniert ist bzw. die dazugehörige Zeile.

Als Beispiel betrachten wir das Kommando x zum Löschen eines
Zeichens: der Cursor wird auf dem Bildschirm mit den Positionierungstasten

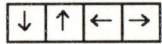

auf das zu löschende Zeichen positioniert. Durch Eintippen von x wird
das Zeichen gelöscht.

Vielen Kommandos kann eine Zahl vorangestellt werden. So löscht
zum Beispiel 3x drei Zeichen ab der Cursorposition.

Nicht alle Kommandos sind so einfach wie x. Bei einigen Kommandos springt der Cursor auf die letzte Bildschirmzeile, die Kommandozeile, und zeigt dort die Eingabe an. In diesen Fällen ist das Kommando
mit *RETURN* abzuschließen. Das gilt zum Beispiel für alle Kommandos,
die mit einem : beginnen. Einige davon haben wir bereits kennengelernt: :w, :wq und :w!

3.1.3 Fenster und Cursor positionieren

Durch Positionierung des Cursors zur unteren oder oberen Bildschirmzeile wird der Bildschirminhalt bewegt, d.h. das Fenster verschiebt sich
jeweils um eine Zeile nach unten bzw. oben. Zusätzlich läßt sich das
Fenster mit folgenden Kommandos seitenweise (1 Seite=23 Zeilen)

verschieben[1]:

^F	blättert eine ganze Seite vorwärts (forward).
^B	blättert eine ganze Seite rückwärts (back).
^D	blättert eine halbe Seite vorwärts (down).
^U	blättert eine halbe Seite rückwärts (up).
nG	zeigt die Seite, in der die n-te Zeile der Datei steht (goto), z.B. 1G = Dateianfang.
G	zeigt letzte Seite der Datei.

Zur Positionierung des Cursors existieren neben den bereits erwähnten Positionierungstasten die folgenden Kommandos:

–	Anfang der vorhergehenden Zeile
^	Anfang der aktuellen Zeile
$	Ende der aktuellen Zeile
+	Anfang der nächsten Zeile
RETURN	gleiche Wirkung wie "+"
w	Anfang des nächsten Wortes
b	Anfang des letzten Wortes
e	Ende des aktuellen Wortes

3.2 Texteingabe und -änderung

3.2.1 Text einfügen

Durch die im folgenden aufgeführten Kommandos geht vi in den *Eingabemodus*: der nach dem Kommando eingegebene Text wird in die beim Aufruf vom vi angegebene Datei geschrieben. Zeilen werden durch das Drücken der *RETURN*-Taste abgeschlossen. Verlassen wird der Eingabemodus durch Drücken der Taste *ESC* , nach *ESC* eingegebene Zeichen werden vom vi wieder als Kommandos interpretiert.

---

[1]Wie üblich wollen wir mit ^x wieder das gleichzeitige Tippen der Tasten *ctrl* und x bezeichnen.

i ... *ESC*   Einfügen vor der Cursorposition (insert).

I ... *ESC*   Einfügen am Anfang der aktuellen Zeile.

a ... *ESC*   Einfügen hinter der Cursorposition (append)

A ... *ESC*   Einfügen ans Ende der aktuellen Zeile.

o ... *ESC*   neue Zeile hinter der aktuellen Zeile einfügen
                (open).

O ... *ESC*   neue Zeile vor der aktuellen Zeile einfügen.

3.2.2 Ändern und Löschen

Zum Ändern und Löschen von Text stehen mehrere Kommandos zur
Verfügung. Die folgende Auswahl hat sich in der Praxis als nützlich
herausgestellt.

r*x*   Ersetze aktuelles Zeichen durch das Zeichen *x*
                (replace).

cw ... *ESC*   Überschreibe Rest des aktuellen Wortes,
                Einfügemodus beenden mit *ESC* (change word)

C ... *ESC*   Überschreibe Rest der Zeile, Ende mit *ESC*.

x   Lösche aktuelles Zeichen.

dw   Lösche Rest des aktuellen Wortes (delete word).

D   Lösche Rest der aktuellen Zeile.

dd   Lösche aktuelle Zeile.

J   Ersetze *NEWLINE* in aktueller Zeile durch ein
                Leerzeichen, d.h. verknüpfe aktuelle und folgende
                Zeile zu einer Zeile (join).

3.2.3 Verschieben und Kopieren von Text

Der jeweils zuletzt gelöschte Text wird vom vi in einem *paste buffer*
aufgehoben. Mit dem Kommando p wird der Bufferinhalt hinter der
Cursorposition eingefügt, mit P vor der Cursorposition.

Damit steht ein einfacher Mechanismus zum Verschieben von
Textstücken zur Verfügung: Der Text wird an einer Stelle gelöscht und
an einer anderen Stelle mit p wieder eingefügt. Wir betrachten drei

Beispiele:

1.)   **4dd**   Lösche vier Zeilen ab der aktuellen Zeile
              (inklusive der aktuellen Zeile).

      ↑ ↓   Positioniere auf die Zeile, hinter der die
              gelöschten Zeilen eingefügt werden sollen.

      p   füge gelöschte Zeilen ein

2.)   **x**   Vertausche die beiden Zeichen ab der
      p   Cursorposition

3.)   **dd**   Vertausche aktuelle und nachfolgende Zeile
      p

Das **p**-Kommando verändert nicht den Inhalt des *paste buffers*, sein Inhalt kann damit mehrfach in die bearbeitete Datei übernommen werden. Setzt man daher im ersten Beispiel zusätzlich hinter **4dd** das Kommando **P**, hat die Kommandofolge den Effekt: Kopiere 4 Zeilen ab der alten Cursorposition hinter die neuen Cursorposition.

Der *paste buffer* kann auch gefüllt werden, ohne Text zu löschen. Das Kommando

   *n***Y**

schreibt n Zeilen ab der aktuellen Cursorposition in den *paste buffer*, der alte Bufferinhalt geht dabei verloren. Damit kann das Kopieren von Zeilen einfacher als oben beschrieben durchgeführt werden:

4Y   Merke vier Zeilen ab der aktuellen Zeile Positioniere auf die
           Zeile, hinter der die vier Zeilen kopiert werden sollen.

p   Schreibe die vier Zeilen.

Beim Verschieben oder Kopieren größerer Textstücke ist es sicherer, mit Zeilennummern zu arbeiten. Das Kommando

   :set number   bzw.   **:set nonumber**

schaltet die Zeilennummerierung ein bzw. aus. Die Zeilennummern erscheinen nur auf dem Bildschirm und werden nicht in die Datei übernommen.

Die Nummer einer Zeile läßt sich auch mit

   :.=

bestimmen. Das Kommando zeigt die Nummer der aktuellen Zeile, d.h. der Zeile, in der der Cursor steht. Anhand der Zeilennummern können dann mit

:*von,bis* m *nach*

die Zeilen von Nummer *von* bis Nummer *bis* hinter die Zeile mit der Nummer *nach* verschoben (move) werden. Das Kopieren von Zeilen (copy) geht analog mit

:*von,bis* c *nach*

3.3 Suchen und Ersetzen

3.3.1 Einfaches Suchen

Nach Eingabe von

/*pattern RETURN*

durchsucht vi ab der aktuellen Zeile vorwärts die zu bearbeitende Datei nach der Zeichenfolge *pattern*. Der Cursor wird auf das erste gefundene Auftreten der Zeichenkette *pattern* positioniert. Mit /*RETURN* oder mit dem Kommando n wird anschließend jeweils das nächste Auftreten von *pattern* gefunden. Die Datei kann auch rückwärts durchsucht werden: Statt / ist ? anzugeben.

Die Zeichenkette *pattern* kann Sonderzeichen enthalten und beschreibt damit ähnlich wie ein regulärer Ausdruck eine Menge von Zeichenketten. Eine solche Zeichenkette bezeichnen wir als Muster:

x.y x <*ein Zeichen*> y, d.h. alle Zeichenketten, die mit x anfangen, mit y aufhören und dazwischen genau ein Zeichen enthalten.

x*y $x^n y$ $n \geq 0$. Der Stern steht für beliebige Wiederholung des letzten Zeichens, er hat die Bedeutung des Kleene-Symbols.

x.*y   x <beliebige Zeichenfolge> y. Die Bedeutung von .* folgt aus der Bedeutung der Sonderzeichen . und *.

x[β]*y* β sei eine Zeichenfolge $a_1 a_2 \cdots a_n$. *x*[β]*y* steht für alle Zeichenfolgen, die mit x anfangen, mit y aufhören und dazwischen genau ein Zeichen a_i aus β enthalten. Für β sind abkürzende Schreibweisen möglich, z.B. "a-z", "A-Z", "0-9".

^*xyz*   Das Zeichen ^ bedeutet Zeilenanfang. ^*xyz* steht für alle Zeichenketten *xyz*, die am Anfang einer Zeile stehen.

xyz$ Das Zeichen $ bedeutet Zeilenende. *xyz*$ steht für alle Zeichenketten *xyz*, die am Zeilenende stehen.

*   Der Backslash "\" hebt die Wirkung eines nachfolgenden Sonderzeichens auf. "*" steht somit für die Zeichenkette "*".

3.3.2 Freies Suchen und Ersetzen

Die Funktion "Suche eine Zeichenkette *ALT* und ersetze sie durch eine Zeichenkette *NEU*" wird mit dem Kommmando **s** (substitute) ausgeführt. Der Kommandoaufruf hat im **vi** die allgemeine Form:

> **: *adr* s/ *ALT*/ *NEU*/g**

adr: *adr* spezifiziert den Bereich der Datei, in dem die Substitution durchgeführt werden soll. Falls *adr* weggelassen wird, bezieht sich das Kommando nur auf die aktuelle Zeile, d.h. auf die Zeile, in der vor Eingabe von ":" der Cursor stand. Beispiele für *adr* sind:

24	Zeile 24
7,10	Zeile 7 bis einschließlich Zeile 10
1,$	erste bis letzte Zeile ($=letzte Zeile)
%	ganze Datei, äquivalent zu 1,$
.,+10	die nächsten zehn Zeilen (". "=aktuelle Zeile)

ALT: *ALT* steht für die zu ersetzende Zeichenkette. *ALT* ist ein Muster, d.h. es kann die oben spezifizierten Sonderzeichen enthalten und beschreibt dann eine Menge von Zeichenketten.

NEU: die Zeichenkette *ALT* bzw. alle die durch das Muster *ALT* beschriebenen Zeichenketten werden im mit *adr* spezifizierten Bereich durch die Zeichenkette *NEU* ersetzt.

/g: **g** bedeutet general und bewirkt, daß in einer Zeile jedes Auftreten von *ALT* durch *NEU* ersetzt wird. Wird **/g** weggelassen, wird nur das erste Auftreten von *ALT* in einer Zeile durch *NEU* ersetzt. Die Anzahl der Zeilen, in denen Ersetzungen durchgeführt werden, ist unabhängig von **g** und wird allein durch *adr* bestimmt.

Die folgenden Beispiele zeigen einige übliche Anwendungen für das Suchen und Ersetzen von Zeichenketten:

:s/*alt***/***neu*	In aktueller Zeile erstes Auftreten von *alt* durch *neu* ersetzen.
:%s/*alt***/***neu*	In der ganzen Datei jeweils erstes Auftreten von *alt* in einer Zeile durch *neu* ersetzen.
:%s/*alt***/***neu***/g**	In der ganzen Datei jedes Auftreten von *alt* durch *neu* ersetzen.
:%s/*alt***//g**	In der ganzen Datei den String *alt* löschen.
:%s/(.*)//g	In der ganzen Datei alle in Klammern stehenden Zeichenketten einschließlich der Klammern löschen.
:%s/^/ /	Alle Zeilen um zwei Blanks einrücken.
:u	undo-Kommando: hebt den Effekt des letzten substitute-Kommandos auf.

3.3.3 Sukzessives Suchen und Ersetzen

Die "unbekümmerte" Anwendung der oben beschriebenen Suchfunktionen kann zu nicht erwünschten Ergebnissen führen. Will man z.B. in einem PASCAL-Programm den Variablennamen "out" durch "aus" ersetzen, so würde das Kommando

    :%s/out/aus/g

dies sicher leisten. Leider hätte diese Anwendung auch zur Folge, daß in der Kopfzeile des Programms der Dateiname **output** als Bezeichnung für das Standardausgabemedium in **ausput** verwandelt würde, was sicherlich nicht im Sinne des Programmierers ist.

Häufig benötigt man daher eine Funktion: "suche eine Zeichenkette (bzw. ein Muster) *ALT* und ersetze sie jeweils nach Rückfrage durch eine Zeichenkette *NEU*". Wir beschreiben im Folgenden einen Weg, diese Funktion im **vi** auszuführen.

1.) **:%s/***ALT***/***NEU***/c** eingeben und mit der *RETURN*-Taste abschicken. Es wird die erste Zeile, in der *ALT* gefunden wurde, zusammen mit einem Pfeil ^^ auf *ALT*, unten am Bildschirm ausgegeben.

2.) Bei der Eingabe von *y* und *RETURN* wird *ALT* durch *NEU* ersetzt. Bei der Eingabe von *RETURN* allein wird nicht substituiert. Der Cursor zeigt anschliessend auf das nächste Auftreten von *ALT*.

3.) Der Modus wird durch ^C und *RETURN* vorzeitig abgebrochen.

3.4 Verschiedenes

3.4.1 Dateien einfügen und ausgeben

Mit dem Aufruf

> :r *file*

wird der Inhalt der angegebenen Datei file in den Editorbuffer
eingefügt (read). Die Einfügung erfolgt ab der Zeile, in der vor Aufruf
des Kommandos der Cursor stand.

Entsprechend zu read kann mit dem bereits am Anfang erwähnten
write-Kommando der Buffer-Inhalt ganz oder teilweise in eine Datei
geschrieben werden. Die allgemeine Form des write-Kommandos ist

> :*adr* w *file*

Der mit *adr* spezifizierte Bereich wird in die angegebene Datei geschrieben. Für *adr* sind die gleichen Angaben wie beim oben beschriebenen
substitute-Kommando möglich. Wird *adr* weggelassen, bezieht sich das
Kommando auf die ganze Datei. Ohne Angabe von *file* wird in die Datei
geschrieben, aus der beim vi-Aufruf der Buffer geladen wurde.

Bei Angabe einer bereits vorhandenen Datei als file meldet vi einen
Fehler. Um *file* zu überschreiben, muß

> :*adr* w! *file*

eingegeben werden.

3.4.2 Ausführen von Shell-Kommandos

Vom Editor vi aus können Shell-Kommandos ausgeführt werden. Die
folgenden drei Eingabemöglichkeiten werden am häufigsten benutzt:

:!*cmd*   Der Editor vi wird unterbrochen und das angegebene
Shell-Kommando *cmd* wird ausgeführt. Nach Ausführung
des Kommandos befindet man sich wieder wie vor der
Unterbrechung im vi.

!G*cmd*   Das Shell-Kommando *cmd* wird ausgeführt. Das
Kommando liest seine Eingabe (*stdin*) aus dem
Editorbuffer von der aktuellen Zeile bis zum Dateiende.
Die Ausgabe des Kommandos (*stdout*) ersetzt den Inhalt
des Editorbuffers ab der aktuellen Zeile. Nach
Ausführung des Kommandos befindet man sich wieder im

vi.

!!*cmd*   Auch hier wird das Shell-Kommando *cmd* ausgeführt und
           der Editorbuffer wie oben als Ein- und Ausgabe benutzt.
           Eingabe (*stdin*) ist hier aber nur die aktuelle Zeile. Mit
           einer vorangestellten Zahl, z.B. 3!!*cmd*, kann die Anzahl
           der Eingabezeilen angegeben werden.

In der ersten Form zeigt zum Beispiel

   : !pwd

den Namen des Working-Directories an, ohne daß davon die gerade editierte Datei betroffen ist. Dagegen ersetzt

   !!pwd

die aktuelle Zeile durch den Namen des Working-Directories. Der Inhalt
der Zeile ist ohne Bedeutung, da pwd keine Daten von *stdin* liest.

   Als Eingabe wird die aktuelle Zeile beim Kommando

   !!sh

benötigt. sh ist der Kommandointerpreter Shell. Er liest die Zeile,
führt sie als Shell-Kommando aus und ersetzt die Zeile durch die
Kommandoausgbe.

   Als letztes Beispiel benutzen wir das Shell-Kommando sort. sort
liest von *stdin*, sortiert die gelesenen Zeilen lexikografisch und schreibt
sie nach *stdout*. Folglich werden mit

   !G sort

alle Zeilen im Editorbuffer ab der aktuellen Zeile sortiert.

3.4.3 Makros

Mit einem Makromechanisums können im vi neue Kommandos definiert
werden. Dazu dient das :map-Kommando. Nach Eingabe von

   :map c *string*

hat das Eintippen des Zeichens c im Kommandomodus die Bedeutung
von *string*. So bewirkt zum Beispiel die Definition des Buchstabens K
mit

   :map K 5ddG

daß beim Eintippen von K im Kommandomodus 5 Zeilen gelöscht werden (5dd) und anschließend der Cursor ans Dateiende positioniert wird
(G).

Um die *RETURN*- und *ESC*-Taste in *string* benutzen zu können, wird ihnen ^V (controll v) vorangestellt. Ein Beispiel dafür ist

:map K oErste Zeile^V*RETURN* Zweite Zeile^V*ESC*

Beim Drücken der Taste K im Kommandomodus werden zwei neue Zeilen eingefügt. Das erste Zeichen in *string*, o, erzeugt eine Leerzeile und wechselt in den Eingabemodus. Es wird der Text "Erste Zeile" eingefügt, mit *RETURN* eine neue Zeile begonnen und mit "Zweite Zeile" beschrieben. Die *ESC*-Taste beendet den Eingabemodus.

Rückgängig gemacht wird diese Makrodefinition mit dem Kommando

unmap K

Grundsätzlich können alle Zeichen zur Definition von Makros benutzt werden. Die folgenden Zeichen haben im vi keine Bedeutung und sind daher Kandidaten für mit map definierte neue Kommandos:

K V v g q , ; _ * =

3.4.4 Optionen einstellen

Das Verhalten des Editors vi kann durch das Einstellen von Optionen beeinflußt werden. Die aktuelle Einstellung sieht man mit

:set all

Nützliche Optionen sind:

ignorecase	Beim Suchen von Zeichenketten wird Groß- und Klein-schreibung ignoriert.
list	Das Tabulatorzeichen wird als ^I gezeigt und das Zeilen-ende jeweils mit $ markiert.
number	Die Zeilen werden mit einer vorangestellten Zei-lennummer gezeigt.

Eingestellt werden die Optionen durch Angabe des Optionsnamens im set-Kommando. So schaltet

:set number

die Zeilennummerierung ein. Aufgehoben wird eine Option mit einem vorangestellten "no" vor dem Optionsnamen, z.B. schaltet

:set nonumber

die Zeilennummerierung wieder aus.

4 Programmieren mit Filtern

Für viele Aufgaben, die man in anderen Betriebssystemen durch eigens hierfür geschriebene Programme lösen muß, gibt es in UNIX fertige Kommandos. Die wichtigsten dieser Kommandos werden hier vorgestellt. Sie dienen zum

- Formatieren der Ausgabe
- Sortieren
- Umwandeln von Zeichen
- Zählen
- Suchen von Zeichenketten und
- Vergleichen von Dateien

Die Kommandos können als Filter benutzt werden. Bevor wir die Kommandos im einzelnen beschreiben, soll zunächst die Anwendung und Arbeitsweise von Filtern im allgemeinen betrachtet werden:

Filter sind Programme, die ihre Eingabe von dem Standardeingabemedium stdin lesen, sie verarbeiten, und das Ergebnis auf die Standardausgabe stdout schreiben. Im Normalfall sind stdin und stdout die Terminaltastatur und der Bildschirm. In Kapitel 1 haben wir für Filter das folgende Symbol eingeführt:

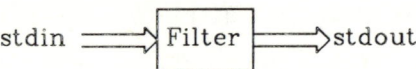

Beispiele für Filter haben wir bereits kennengelernt, ohne es speziell zu erwähnen: So wirkt zum Beispiel auch das **cat**-Kommando als Filter, wenn es ohne Dateinamen aufgerufen wird. Es liest dann von stdin und gibt das gelesene unverändert nach stdout aus, wie folgendes Beispiel zeigt:

```
$ cat
Eine Zeile              Eingabe
Noch eine Zeile
^D                      End of File
Eine Zeile              Ausgabe
Noch eine Zeile
```

Das Kommando **cat** ist damit einer der einfachsten Filter. Trotzdem lassen sich damit schon einige interessante Funktionen ausführen, wenn man die in Abschn. 1.5.3 beschriebene Umlenkung benutzt. Da die Umlenkung ein wichtiges Hilfsmittel beim Arbeiten mit Filtern ist, sollen

die folgenden Beispiele dazu dienen, das Verständnis für die Umlenkung
zu vertiefen.

Als einfacher Editor wirkt das folgende `cat`-Kommando, mit dem
zwei Zeilen in eine Datei `ausdat` geschrieben werden:

```
$ cat > ausdat
Eine Zeile
Noch eine Zeile
^D
```

Betrachten wir dieses Beispiel etwas genauer: Bevor das `cat`-
Kommando ausgeführt wird, definiert (wegen der Umlenkung mit `>`) das
Betriebssystem die Datei `ausdat` zum Standardausgabemedium stdout.
Die Angabe `>ausdat`[1] ist somit kein Parameter des `cat`-Kommandos,
sondern eine Anweisung an das Betriebssystem. Das `cat`-Kommando
weiß von der Umlenkung nichts und wirkt - da ohne Dateinamen aufgerufen - als Filter. Nach Ausführung des `cat`-Kommandos ist stdout
wieder der Bildschirm.

Bei der Umlenkung mit dem Zeichen `>` wird die Datei `ausdat` neu
erzeugt. Eine bereits existierende Datei wird damit gelöscht. Ohne zu
löschen arbeitet dagegen die Umlenkung mit `>>`. Das Kommando

```
$ cat >> ausdat
Zeile 3
Zeile 4
^D
```

hängt die beiden eingegebenen Zeilen an das Ende der Datei `ausdat`.

Zum Kopiere-Kommando wird `cat` durch

```
cat original > kopie
```

Das `cat`-Kommando liest die Datei `original` und gibt sie auf stdout,
das ist hier die Datei `kopie`, aus. Vorsicht ist geboten bei

```
cat original > original
```

Da durch die Umlenkung `>original` vor Ausführung des `cat`-
Kommandos die Datei gelöscht und dann neu erzeugt wird, liefert das
Kommando eine leere Datei. Beim Arbeiten mit Filtern ist darauf zu
achten, daß stdout nicht auf die gleiche Datei umgelenkt wird, von der
der Filter seine Eingabe liest.

---

[1] Zwischen dem Zeichen `>` und dem nachfolgenden Dateinamen können auch
beliebig viele Leerzeichen stehen.

Die Umlenkung der Eingabe stdin mit dem Zeichen < hat bei **cat** keine praktische Auswirkung. Beide Kommandos

cat daten   und   **cat < daten**

geben die Datei **daten** auf stdout (hier: den Bildschirm) aus. Im ersten Fall wird der Dateiname **daten** als Parameter an das Kommando **cat** übergeben, **cat** öffnet die Datei und gibt sie aus. Im zweiten Fall wird vor Ausführung von **cat** die Datei **daten** zur Standardeingabe stdin erklärt. Das Kommando **cat** liest anschließend von stdin und gibt das Gelesene aus.

Mit der Umlenkung kann die Ausgabe eines Filters zum nächsten Filter weitergereicht werden:

Filter1   < eindat   > hilfdat1
Filter2   < hilfsdat1   > hilfsdat2
Filter3   < hilfsdat2   > ausdat

Eleganter ist in diesem Fall natürlich, mit Pipes zu arbeiten, wie sie in Abschn. 1.5.4 eingeführt wurden. Das Pipe-Symbpol "|" bewirkt in der Kommandozeile

Filter1 <eindat | *Filter2* | *Filter3* >ausdat

daß die Ausgabe stdout von *Filter1* als Eingabe (stdin) von *Filter2* benutzt wird. Die Ausgabe von *Filter2* dient als Eingabe von *Filter3*:

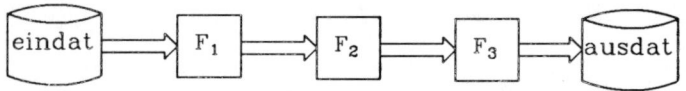

Der Datenfluß in der Pipe kann mit einem speziellen Filter **tee** (*deutsch:* abzweigen) beobachtet werden. Das Kommando

tee *file*

überträgt die Eingabe von stdin nach stdout und legt zusätzlich eine Kopie der "durchfließenden Daten" in der Datei *file* an. So werden zum Beispiel mit der Pipe

Filter1 <eindat | tee d1 | *Filter2* | tee d2 | *Filter3* >ausdat

aus den Eingabedaten in **eindat** wie oben die Ausgabedaten in **ausdat** erzeugt. Zusätzlich findet man die Ausgabe von *Filter1* in der Datei **d1** und die Ausgabe von *Filter2* in **d2**.

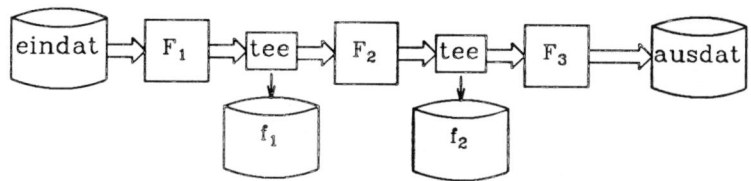

Die Umlenkung der Ein-/Ausgabe, die Pipes und der Filter **tee** sind die Baisis für das "Programmieren mit Filtern". Dieses Verfahren eignet sich für Probleme, die sich als Funktion der Eingabedaten X auf die Ausgabedaten Y darstellen lassen:

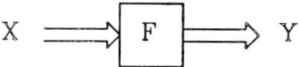

Statt ein eigenes Programm zu schreiben, das die Funktion F als ganzes realisiert, wird man versuchen, F in Teilfunktionen, zum Beispiel f_1 bis f_4, zu zerlegen. Die Hintereinanderausführung der Teilfunktionen soll das gewünschte Ergebnis liefern:

$$X \Longrightarrow \boxed{f_1} \xrightarrow{Y_1} \boxed{f_2} \xrightarrow{Y_2} \boxed{f_3} \xrightarrow{Y_3} \boxed{f_4} \Longrightarrow Y$$

Bei der Zerlegung wird man sich daran orientieren, für möglichst viele Teilfunktionen fertige UNIX-Filter benutzen zu können. Nur Teilfunktionen, für die keine geeigneten Filter gefunden werden, müssen selbst programmiert werden.

Nehmen wir an, daß für die Teilfunktionen f_1, f_3 und f_4 bereits geeignete Filter existieren. Für f_2 wird ein eigenes Programm geschrieben, das mit Hilfe der Umlenkung und des **tee**-Kommandos ausgetestet werden kann. Die Pipe

    f1 | f2 | f3 | f4

liefert schließlich das gewünschte Ergebnis.

Praktische Beispiele für dieses Verfahren zeigen die folgenden Seiten. Darin sind die üblichen UNIX-Filter (nach den eingangs erwähnten Funktionen gegliedert) zusammengestellt. Eine Bewertung des Verfahrens aus der Sicht des Software-Engineerings geben zum Beispiel [Hein82] und [Mart86].

4.1 Formatierte Ausgabe

Die Ausgabedaten eines Programms oder Daten aus einer Datei sollen in ansprechender Form ausgegeben werden. Das Programmieren einer "schönen Ausgabe" kann dabei aufwendiger werden als die eigentliche Berechnung der Ausgabedaten.

Statt die Ausgabe selbst vollständig zu programmieren, können UNIX-Kommandos benutzt werden. Sie lassen sich zur Anpassung der Ausgabe an das Format des Ausgabegeräts einsetzen, mehrspaltige Ausgabe ist möglich, und Zeilen können umgebrochen werden. Schließlich gibt es noch Kommandos, um Tabulatoren zu behandeln.

4.1.1 Das Kommando pr

Das **pr**-Kommando (print) wird für die Formatierung der Ausgabe benutzt. Mit

> **pr** *file* ...

wird der Inhalt der Datei(en) *file* auf stdout ausgegeben. Das Ausgabeformat ist aber im Normalfall nicht für den Terminalbildschirm, sondern für einen Drucker bestimmt: Die Ausgabe ist in Seiten zu jeweils 66 Zeilen unterteilt, wobei jede Seite eine Kopfzeile mit Seitennummer, Datum der letzten Änderung der Datei und Dateinamen enthält. Auf dem Drucker wird die so aufbereitete Datei mit

> **pr** *file* | **lpr**

ausgegeben.[2] Ohne Angabe eines Dateinamens liest **pr** von stdin und kann somit auch als Filter verwendet werden.

Die Seitenlänge (Standard ist 66 Zeilen) ist für das in den USA übliche Druckerpapier mit einer Länge von 11 zoll vorgesehen. In Deutschland ist 12 zoll (30 cm) langes Papier üblich, das 72 Zeilen faßt. Mit dem Flag −l kann die Anzahl der Zeilen beliebig eingestellt werden. So unterteilt das Kommando

> **pr** −l72 *file*

die Ausgabe in Seiten zu 72 Zeilen. Für die Ausgabedaten genutzt werden davon aber nur 62 Zeilen. Unabhängig von der eingestellten Zeilenanzahl sind immer je 5 Zeilen für den Seitenkopf und -fuß reserviert.

---

[2] zum **lpr**-Kommando siehe Abschn. 2.5.3

Auch die Seitenbreite ist einstellbar. Im Normalfall wird jede Zeile nach dem 72. Zeichen abgeschnitten. Das Flag -w ändert die Zeilenlänge, so werden zum Beispiel mit

pr -w132 *file*

bis zu 132 Zeichen pro Zeile ausgegeben.

Zusätzlich kann mit dem Flag -h eine Überschrift (header) angegeben werden, die in den Seitenkopf jeder Seite übernommen wird:

pr -h 'Stammdaten 1985' *file*

Zwischen dem Flag -h und der nachfolgenden Überschrift muß ein Leerzeichen stehen.

Weitere nützliche Flags sind:

-n Die Zeilen werden durchnumeriert (number). Das ist zum Beispiel nützlich bei der Ausgabe von Quellprogrammen, da sich Fehlermeldungen des Compilers auf fortlaufende Zeilennummern beziehen.

-d Zwischen je zwei Zeilen wird eine Leerzeile ausgegeben (double spacing). Hilfreich ist dies bei der Ausgabe von Texten auf einem Drucker, wenn in dem Text noch handschriftliche Korrekturen vorgenommen werden sollen.

-t Die jeweils fünf Zeilen für Seitenkopf und Seitenfuß werden nicht ausgegeben. Damit stehen pro Seite zehn Zeilen mehr für die Ausgabedaten zur Verfügung, was bei der Ausgabe am Terminal den Bildschirm besser ausnutzt.

4.1.2 Mehrspaltige Ausgabe mit pr

Für die Anwendung mehrspaltiger Ausgabe betrachten wir ein typisches Beispiel: Das Programm prim sei von einem Benutzer zur Berechnung von Primzahlen geschrieben worden. Es gibt fortlaufend die Primzahlen aus, jede Primzahl auf einer neuen Zeile. Sicher nutzt prim damit das Papierformat oder den Terminalbildschirm nicht ökonomisch aus, aber die Programmierung einer mehrspaltigen Ausgabe ist aufwendiger als der Algorithmus zur Berechnung der Primzahlen.

Mit dem pr-Kommando läßt sich das Problem leicht lösen, wie Abbildung 4.1 zeigt. Das Flag -5 bewirkt in der Abbildung eine fünfspaltige Ausgabe. Die allgemeine Form für eine n-spaltige Ausgabe ist pr *-n file*

Die Spaltenbreite beträgt $1/n$-tel der Zeilenlänge. Bei fünfspaltiger
Ausgabe stehen somit im Normalfall (72 Zeichen pro Zeile) 14 Zeichen
pro Spalte zur Verfügung. Ausgaben, die länger sind, werden nach dem
14. Zeichen abgeschnitten.

Eine weitere Möglichkeit zur mehrspaltigen Ausgabe steht mit dem
Flag **-m** zur Verfügung. Der Aufruf

pr **-m** *file1 file2 ...*

druckt die Dateien *file1*, *file2* usw. gleichzeitig. Jede Datei wird in einer
Spalte ausgegeben. Hilfreich ist das zum Beispiel beim Ausdrucken von
zwei Versionen einer Textdatei oder zum Aufbauen von Tabellen. Für
den Aufbau von Tabellen wird jede Spalte in eine Datei eingetragen, die
Spalten werden dann nacheinander mit **pr -m** verknüpft. Man kann
dies als horizontale Verknüpfung von Dateien bezeichnen im Gegensatz
zur vertikalen Verknüpfung mit **cat**. Zur Breite der Spalten gilt das
oben gesagte.

```
$ prim | pr -5 -l15 -h '    Primzahlen unter 100    '

Jan  3 11:51 1986    Primzahlen unter 100    Page 1


 2          13          31          53          73
 3          17          37          59          79
 5          19          41          61          83
 7          23          43          67          89
11          29          47          71          97
```

Abb.4.1: Anwendungsbeispiel für pr. *Das Benutzerprogramm*
pr im *gibt die Primzahlen unter 100 auf stdout aus, eine Prim-*
zahl pro Zeile. Das Kommando pr *liest in der Pipe die Daten*
und erzeugt daraus die abgebildete Ausgabe.

4.1.3 Zeilenumbruch

Wenn die Länge einer Zeile nicht in das Ausgabeformat paßt, wird der
Rest der Zeile von pr nicht ausgegeben. Um lange Zeilen bearbeiten zu
können, kann mit zwei einfachen Kommandos aus der Berkeley UNIX-
Version eine Zeile in mehere Zeilen umgebrochen werden.

Das erste Kommando heißt fold und wird mit

fold *-n file* ...

aufgerufen. Es schneidet jede Zeile nach dem n-ten Zeichen ab und
überträgt den Rest auf eine neue Zeile. Ohne Angabe von $- n$ wird die
Zeilenlänge auf 80 Zeichen begrenzt. Fehlt der Dateiname *file*, liest
fold seine Eingabe von stdin. Auf Wortgrenzen in der Zeile nimmt fold
keine Rücksicht.

Das zweite Kommando heißt fmt und kann für einfache Formatierungsaufgaben benutzt werden. Der Aufruf

fmt *file*

liest *file*, bricht die Zeilen um und erzeugt eine Ausgabe, in der jede
Zeile möglichst nahe an die 72. Spalte kommt. Wörter werden nicht
getrennt. Leerzeilen bleiben erhalten, genauso wie führende Leerzeichen am Anfang einer Zeile und mehrfache Leerzeichen zwischen
Wörtern. Wie fold liest auch fmt ohne Angabe eines Dateinnamens von
stdin, allerdings kann bei fmt die Zeilenlänge leider nicht eingestellt
werden.

4.1.4 Tabulatoren bearbeiten

An vielen Terminals oder Druckern können wie bei einer Schreib-
maschine Tabulatorpositionen eingestellt werden. Sind zum Beispiel
bei einem Terminal Tabulatorpositionen auf den Spalten 9, 17, 25 usw.
eingestellt und befindet sich der Cursor in Spalte 12, wird durch
Drücken der Tabulatortaste *TAB* der Cursor zur nächsten Tabulatorposition nach rechts bewegt (Spalte 17).

Tabulatoren sind besonders zum Schreiben von Tabellen geeignet.
Schwierig wird es, wenn eine mit Tabulatoren erstellte Textdatei auf
einem Gerät ausgegeben werden soll, das keine Tabulatoren kennt oder
bei dem die Einstellung der Tabulatoren nicht der Ausgabe angepaßt ist.
In diesen Fällen möchte man Tabulatoren durch Leerzeichen ersetzen.

Zur Umwandlung von Tabulatoren in eine passende Anzahl von Leerzeichen gibt es in der Berkeley UNIX-Version das Kommando

expand *-n file* ...

Die Datei *file* bzw. stdin, falls keine Datei angegeben wird, wird auf
stdout ausgegeben. Die Zahl n gibt die Breite der Tabulatorspalten an.
In der Ausgabe werden alle Tabulatoren durch entsprechend viele Leerzeichen ersetzt, um die Spalten $n+1$, $2n+1$, $3n+1$ usw. zu erreichen. Der
Standardwert für n ist 8, d.h. ohne Angabe von $-n$ bewirkt ein Tabula-
tor in der Eingabedatei, daß in der Ausgabe mit Leerzeichen auf die
nächstgelegene Position 9, 17, 25 usw. vorgerückt wird.

Bei der gezeigten Form des **expand**-Kommandos haben alle Tabulatorspalten die gleiche Länge n. Falls die Tabulatorspalten unterschiedliche Länge haben, erzeugt

expand *-n1,n2,...,nk file*

entsprechend viele Leerzeichen, um die Spalten *n1*, *n2*, ..., *nk* zu erreichen.

In UNIX System V ist das **expand**-Kommando nicht vorhanden. Für
Tabulatorspalten gleicher Länge wird dort die beschriebene Ersetzung
von Tabulatoren durch Leerzeichen mit dem Flag **-e** im **pr**-Kommando

pr *-en*

erreicht. Die Zahl n hat die gleiche Bedeutung wie beim **expand**-
Kommando.

4.2 Sortieren

Für das Sortieren von Sätzen in Dateien (bzw. stdin) und zum Mischen
von Dateien gibt es das Kommando **sort**. Ein Satz ist für **sort** eine
Zeile, d.h. eine Zeichenfolge, die mit dem Zeilenende-Symbol (*NEWLINE*)
abgeschlossen ist.

Das Kommando arbeitet mit einer modifizierten Version des
Quicksort-Algorithmus. Sie unterscheidet sich von dem üblichen
Quicksort-Verfahren dadurch, daß es die Verarbeitung von Sätzen,
deren Sortierschlüssel den gleichen Wert hat, schneller durchführt.

4.2.1 Der Satz als Sortierschlüssel

Im einfachsten Fall wird das Kommando sort mit

    sort *file* ...

aufgerufen. Es sortiert die Zeilen der Datei *file* oder - falls keine Datei
angegeben ist - die Eingabe von stdin und benutzt dabei die ganze Zeile
als Sortierschlüssel. Ausgegeben wird auf stdout. Die Datei selbst
bleibt unverändert. Am Beispiel der Datei namen zeigen wir die Wirkung
von sort.

```
$ cat namen
Schmidt Carl           6000 Frankfurt
Maier Karlheinz        6000 Frankfurt
koch Gabi              3000 Hannover
Maier Anton            7000 Stuttgart
```

Die Datei wird mit sort sortiert:

```
$ sort namen
Maier Anton            7000 Stuttgart
Maier Karlheinz        6000 Frankfurt
Schmidt Carl           6000 Frankfurt
koch Gabi              3000 Hannover
```

Die Sortierung erfolgt in der im ASCII[3] -Code festgelegten Reihenfolge.
Die Reihenfolge beginnt mit dem Leerzeichen, anschließend kommen
Sonderzeichen und Ziffern (0-9). Es folgen die Großbuchstaben und
dann die Kleinbuchstaben, jeweils in alphabetischer Reihenfolge. Zwi-
schen Groß- und Kleinbuchstaben stehen noch vier Sonderzeichen. Die
Stellung der Kleinbuchstaben am Ende der Sortierreihenfolge ist der
Grund, daß der Name koch erst am Ende der sort-Ausgabe erscheint.
An den Herren Maier sieht man, daß beim Sortieren nicht nur der erste
Eintrag in der Zeile berücksichtigt wird. Das Kommando sort vergleicht jeweils zwei Zeilen vom Zeilenanfang ausgehend Zeichen für Zeichen so lange, bis ein Unterschied auftritt, und sortiert sie dann entsprechend.

    Bei gleichen Zeilen ist die Reihenfolge natürlich ohne Bedeutung.
Man kann sort benutzen, um gleiche Zeilen zu entfernen. Mit dem Flag
-u (unique) sortiert

---

[3] ASCII ist die Abkürzung für American Standard Code for Information Interchan-
ge. Der Code legt fest, wie Zeichen im Rechner binär dargestellt werden.

```
sort -u file
```

die Datei *file* wie oben gezeigt. Kommt eine Zeile mehrfach in *file* vor, wird sie nur einmal in der sortierten Liste ausgegeben.

Die Unterscheidung von Klein- und Großbuchstaben beim Sortieren wird mit dem Flag -f (fold) unterdrückt. Auf diese Weise erhält Frau Koch ihren richtigen Platz:

```
sort -f namen
koch Gabi            3000 Hannover
Maier Anton          7000 Stuttgart
Maier Karlheinz      6000 Frankfurt
Schmidt Carl         6000 Frankfurt
```

Die Sortierreihenfolge läßt sich auch umdrehen. Das Flag -r (reverse) sorgt dafür, daß in der Reihenfolge Z, Y, ... b, a ... sortiert wird.

Beim Sortieren nach Zahlen kann die einfache Anwendung von sort ungewünschte Ergebnisse liefern. Um die Wirkung zu zeigen, erzeugen wir eine Datei **namen1**. Sie enthält den Inhalt der Datei **namen** und zusätzlich eine Zahl am Anfang jeder Zeile.

```
cat namen1
15    koch Gabi            3000 Hannover
9     Maier Anton          7000 Stuttgart
27    Maier Karlheinz      6000 Frankfurt
99    Schmidt Carl         6000 Frankfurt
```

Die Sortierung liefert das folgende Ergebnis:

```
sort namen1
15    koch Gabi            3000 Hannover
27    Maier Karlheinz      6000 Frankfurt
9     Maier Anton          7000 Stuttgart
99    Schmidt Carl         6000 Frankfurt
```

Die Ursache dafür, daß die Zahl 9 zwischen 27 und 99 steht, liegt in der Sortierung nach der ASCII-Reihenfolge. Danach kommt das Leerzeichen in der Sortierreihenfolge vor den Ziffern und somit die Zeichenfolge *"9Leerzeichen"* vor 99" Wäre die Zahl 9 um eine Stelle nach rechts eingerückt, würde richtig sortiert werden.

Das Problem läßt sich mit dem Flag -n (numeric) lösen:

```
$ sort -n namen1
 9     Maier Anton        7000 Stuttgart
15     koch Gabi          3000 Hannover
27     Maier Karlheinz    6000 Frankfurt
99     Schmidt Carl       6000 Frankfurt
```

Durch das Flag -n werden die Zeichen vom Satzanfang bis zum ersten nicht-numerischen Zeichen als Zahl interpretiert und die Sätze nach dem arithmetischen Wert der Zahl sortiert. Führende Leerzeichen werden ignoriert, das Minuszeichen und der Dezimalpunkt sind zulässig.

Die Flags können kombiniert werden. So erzeugt zum Beispiel

```
ls | sort -rf
```

eine absteigend sortierte Liste aller Dateinamen, wobei bei der Sortierung nicht zwischen Groß- und Kleinbuchstaben unterschieden wird.

4.2.2 Sortieren nach Feldern

Bisher wurde beim Sortieren die ganze Zeile vom Zeilenanfang an als Sortierschlüssel verwendet. Der Sortierschlüssel kann auch auf einzelne Felder oder Teile von Feldern begrenzt werden. Ein Feld ist eine Folge von Zeichen auf einer Zeile. Es wird von Leerzeichen, dem Zeilenanfang oder -ende begrenzt. Das begrenzende Leerzeichen ist selbst Element des Feldes, wie folgende Abbildung zeigt:

Feld 0				Feld 1					Feld 2				Feld 3	
k	o	c	h	G	a	b	i			3	0	0	0	H	...

Mit dem Aufruf

```
sort -Flags +pos1 -pos2  file
```

beginnt der Sortierschlüssel bei Feld *pos1* und endet direkt vor dem Feld *pos2*. Die bereits beschriebenen Flags werden bei Bedarf vor *+pos1* angegeben. Fehlt die Angabe *-pos2*, reicht der Sortierschlüssel von *pos1* bis zum Zeilenende. Für die Sortierung der Datei **namen** nach Vornamen genügt daher das Kommando:

```
$ sort +1 namen
Maier Anton            7000 Stuttgart
Schmidt Carl           6000 Frankfurt
koch Gabi              3000 Hannover
Maier Karlheinz        6000 Frankfurt
```

Um bei der Festlegung des Sortierschlüssels einzelne Zeichen innerhalb eines Feldes angeben zu können, sind für *pos 1* und *pos 2* auch
Angaben der Form

    feldnr. zeichennr

möglich. Es ist zu beachten, daß die Zeichennummern wie die
Feldnummern mit 0 beginnend gezählt werden und daß das trennende
Leerzeichen zwischen Feldern Teil des Feldes ist. Der Sortierschlüssel
für das folgende sort-Kommando beginnt bei Position 1.2 und endet
direkt vor Position 1.4. Es wird damit nach dem zweiten und dritten
Buchstaben im Vornamen sortiert:

```
$ sort +1.2 -1.4 namen
koch Gabi              3000 Hannover
Maier Karlheinz        6000 Frankfurt
Schmidt Carl           6000 Frankfurt
Maier Anton            7000 Stuttgart
```

Falls die Sortierschlüssel von zwei Sätzen gleich sind, wie hier im Fall
von Carl und Karlheinz, wird die ganze Zeile als Sortierschlüssel
benutzt.

Auf einen häufigen Fehler bei der Anwendung von **sort** weist das
folgende Beispiel hin. Es soll nach Feld 2, den Postleitzahlen, sortiert
werden.

```
$ sort +2 namen
koch Gabi              3000 Hannover
Maier Anton            7000 Stuttgart
Schmidt Carl           6000 Frankfurt
Maier Karlheinz        6000 Frankfurt
```

Das Ergebnis sieht aber so aus, als ob nach der Länge des Namens sor-
tiert wurde. Ursache dafür ist die unterschiedliche Anzahl führender
Leerzeichen im Feld 2, dem Postleitzahlenfeld. Durch den Parameter +2
im **sort**-Kommando werden die beiden Felder mit dem Nachnamen und
Vornamen übersprungen, und der Sortierschlüssel sieht für **sort** so aus
(Leerzeichen sind durch Punkte dargestellt):

```
........6000.Frankfurt
.....6000.Frankfurt
..........3000.Hannover
........7000.Stuttgart
```

Beim Sortieren nach diesem Schlüssel werden Leerzeichen mit Ziffern verglichen und die Leerzeichen vor den Ziffern eingeordnet.

Das Flag **-b** hilft in diesem Fall weiter. Es sorgt dafür, daß beim Vergleichen von Schlüsseln führende Leerzeichen ignoriert werden. Damit erhalten wir das richtige Ergebnis:

```
$ sort -b +2 namen
koch Gabi              3000 Hannover
Maier Karlheinz        6000 Frankfurt
Schmidt Carl           6000 Frankfurt
Maier Anton            7000 Stuttgart
```

In diesem Beispiel hätte auch das Flag **-n** (numeric) weitergeholfen. Wie schon erwähnt, ignoriert **-n** ebenfalls führende Leerzeichen.

Im nächsten Beispiel wird nach dem Nachnamen und bei Namensgleichheit nach dem Ort sortiert. Das bedeutet, daß zuerst als primärer Sortierschlüssel das Feld 0 (Position +0 -1) und dann als sekundärer Sortierschlüssel das Feld 3 (Position +3) anzugeben ist:

```
$ sort +0 -1 +3 namen
Maier Karlheinz        6000 Frankfurt
Maier Anton            7000 Stuttgart
Schmidt Carl           6000 Frankfurt
koch Gabi              3000 Hannover
```

Bei den bisherigen Beispielen stehen Flags immer vor den Positionsangaben. Sie beziehen sich damit auf die ganze Zeile. Einige Flags, nämlich **r** (reverse), **f** (fold) und **n** (numeric), können direkt ohne Leerzeichen hinter die Positionsnummer +*pos* geschrieben werden und beeinflussen die Sortierreihenfolge an der angegebenen Position. So wird mit

```
sort +0rf -1 +2n -3 file
```

absteigend (**r**) nach Feld 0 sortiert, ohne dabei zwischen Groß- und Kleinschreibung zu unterscheiden (**f**). Bei Gleichheit im Feld 0 wird numerisch (**n**) nach Feld 2 sortiert.

Es können natürlich mehr als zwei Felder als Sortierschlüssel angegeben werden, und es kann sogar das gleiche Feld mehrfach genannt werden. Sinnvoll ist das bei

```
sort +0f +0 file
```

Das Kommando bewirkt, daß nach Feld 0 sortiert wird, ohne zunächst
Groß- und Kleinschreibung zu unterscheiden. Treten dadurch gleiche
Sortierschlüssel auf, werden sie in der Reihenfolge Großbuchstaben-
Kleinbuchstaben ausgegeben.

Zum Schluß soll das Trennzeichen zwischen den Feldern geändert
werden. Dazu dient das Flag -tc. Das dem Flag folgende Zeichen c wird
statt dem Trennzeichen als Feldseparator benutzt. Als Beispiel fügen
wir in die Datei **namen** die Geburtsdaten der Personen ein:

```
18.1.1956   Schmidt Carl        6000 Frankfurt
24.12.1899  Maier Karlheinz     6000 Frankfurt
16.1.1956   koch Gabi           3000 Hannover
13.6.1950   Maier Anton         7000 Stuttgart
```

und sortieren mit dem Feldseparator "." nach dem Datum:

```
$ sort -t. -n +2 +1 +0 namen
24.12.1899  Maier Karlheinz     6000 Frankfurt
13.6.1950   Maier Anton         7000 Stuttgart
16.1.1956   koch Gabi           3000 Hannover
18.1.1956   Schmidt Carl        6000 Frankfurt
```

4.2.3 Mischen

Das **sort**-Kommando kann mehrere Dateien verarbeiten. Mit

sort *file1 file2 ...*

werden die angegebenen Dateien zunächst in temporäre Hilfsdateien
sortiert und anschließend gemischt. Mischen ist das Zusammenfügen
von mehreren sortierten Dateien zu einer einzigen sortierten Datei.

Wenn *file1, file2 ...* bereits sortiert sind, kann die Sortierphase entfallen und gleich gemischt werden. Hierfür dient das Flag -m (mix) im
sort-Kommando. Das Kommando

sort -m *file1 file2 ...*

setzt voraus, daß die angegebenen Dateien sortiert sind und mischt sie.

4.2.4 Die Grenzen von sort

Das Kommando **sort** ist ein schnelles und anpassungsfähiges Werkzeug für die meisten Sortierprobleme. Es sind aber auch einige Einschränkungen zu beachten. Wir weisen auf die Einschränkungen hin und zeigen typische Anwendungsfehler.

- Die Datei **name** soll sortiert werden. Da **sort** die zu sortierende Datei unverändert läßt, versucht man es mit

    sort name >name

    Falls das Kommando vom benutzten UNIX-System akzeptiert wird, liegt anschließend die Datei **name** nicht sortiert vor, sondern die Datei ist leer. Der Kommandointerpreter Shell hat zunächst die Umlenkung **>** vorbereitet und dafür die Datei **name** neu erzeugt, d.h. die alte Datei überschrieben. Anschließend wurde von Shell das Kommando **sort** aufgerufen, das nur noch eine leere Datei zum Sortieren vorfand.

    Helfen kann hier das Flag **-o** gefolgt vom Namen der Ausgabedatei. Das Kommando

    sort *eindat* **-o** *ausdat*

    schreibt seine Ausgabe nach *ausdat*, wobei die Namen für *eindat* und *ausdat* gleich sein dürfen.

- Deutsche Umlaute und das Zeichen "ß" werden nicht richtig sortiert. Ursache dafür ist die ASCII-Codierung, in der für Umlaute der gleiche Code wie für einige US-Sonderzeichen benutzt wird. Die Umlaute stehen daher in der Sortierreihenfolge vor allen anderen Buchstaben.

    Am besten wandelt man Umlaute, wie etwa "ü", vor dem Sortieren in "ue1" um und ersetzt anschließend alle Zeichenfolgen "ue1" wieder durch das Zeichen "ü". Die Ziffer 1 soll dafür sorgen, daß bei der Rückumwandlung aus einem Wort wie Mauer nicht Maür wird.

- Der Feldseparator für **sort** läßt sich zwar mit dem Flag **-t** umsetzen. Es können aber nicht mehrere Feldseparatoren angegeben werden, z.B. Separatoren zwischen Feldern, Unterfeldern usw. Das letzte Beispiel in Abschn. 4.2.2, Sortieren nach Datum, wäre nicht durchführbar, wenn das Datum am Ende einer Zeile stehen würde.

- Die Länge der Zeilen, die **sort** verarbeiten kann, ist begrenzt, meist auf 512 byte. Zu lange Zeilen werden abgeschnitten, ohne daß **sort** eine Fehlermeldung ausgibt.

4.3 Zeichen umwandeln

Wir stellen das Kommando tr (translate) vor, mit dem ausgewählte Zeichen oder Zeichenbereiche, z.B. alle Kleinbuchstaben, in andere Zeichen umgewandelt oder entfernt werden können. Auch nicht druckbare Zeichen können mit tr bearbeitet werden.

Das tr-Kommando hat die Form

  tr 'string 1' 'string 2'

Es liest von stdin und schreibt auf stdout. Die Angabe eines Dateinamens ist nur durch die Umlenkung der Ein-/Ausgabe mit "<" und ">" möglich. Kommt in der Eingabe ein Zeichen aus string 1 vor, so wird es durch das entsprechende Zeichen aus string 2 ersetzt. Zum Beispiel wird mit

  tr '1ab' 'X3?'

jedes Zeichen 1 in X, a in 3 und b in ? umgewandelt. Die Hochkommata sorgen dar, daß Sonderzeichen wie ? in string vom Kommandointerpreter Shell nicht als Metazeichen interpretiert werden.

Ist string 2 kürzer als string 1, werden die Zeichen in string 1, für die kein entsprechendes Zeichen in string 2 vorliegt, durch das letzte Zeichen in string 2 ersetzt[4] . Das Kommando

  tr 'abcd' ' '

ersetzt daher die Buchstaben a bis d durch das Leerzeichen.

Das letzte Beispiel kann durch

  tr 'a-d' ' '

kürzer geschrieben werden. Mit dem Bindestrich "-" wird ein Bereich definiert[5] . Benutzt wird die Bereichsangabe, um zum Beispiel mit

  tr 'a-z' 'A-Z'

alle Kleinbuchstaben in Großbuchstaben umzuwandeln.

Bereiche können Lücken aufweisen, wie das nächste Beispiel zeigt. Der Buchstabe "m" bleibt bei der Umwandlung mit

  tr 'a-l n-z' 'A-L N-Z'

[4] Es gibt UNIX-Systeme, bei denen string 1 und string 2 die gleiche Länge haben müssen. Mit dem Sonderzeichen "*" kann dann die Länge von string 2 an die von string 1 angepaßt werden. Das Kommando zum Erstzen der Buchstaben a bis d durch Leerzeichen heißt dann tr 'abcd' ' *' oder auch tr 'abcd' '[*]'.

[5] Bei einigen UNIX-Systemen müssen Bereiche in eckigen Klammern angegeben werden, z.B. '[a-d]'.

unverändert erhalten.

Für die Verarbeitung nicht-druckbarer Zeichen mit tr wird die Schreibweise \xxx benutzt. Darin ist xxx eine dreistellige Oktalzahl, die dem ASCII-Code des Zeichens entspricht. Das Zeichen *NEWLINE* hat den ASCII-Code 0001010 und entspricht damit der Oktalzahl 12. Mit

```
tr '\012' ' ' <eindat
```

werden alle Zeichen *NEWLINE* in eindat durch das Leerzeichen ersetzt. Die Ausgabe besteht aus einer einzigen Zeile, in der der Inhalt aller Zeilen aus eindat aneinandergehängt ist.

Mit Oktalzahlen können auch Bereiche gebildet werden, um z.B. Dateien mit nicht-druckbaren Zeichen am Bildschirm auszugeben. Da die druckbaren Zeichen im ASCII-Code erst ab dem Oktalwert 40 beginnen, ersetzt

```
tr '\001-\037' '.' <eindat | fold
```

alle nicht-druckbaren Zeichen (oktal 1 bis 37) durch den Punkt. Das NUL-Zeichen (oktal 0) ist in der Bereichsangabe ausgelassen. Es kann mit tr nicht substituiert werden. Das die Pipe abschließende fold-Kommando sorgt lediglich dafür, daß die Ausgabezeilen eine vernünftige Länge (72 Zeichen) haben.

Mit drei beliebig kombinierbaren Flags, –c, –d und –s, wird der Anwendungsbereich von tr erweitert.

Das Flag –d (delete) löscht mit

```
tr -d 'string'
```

alle in der Zeichenkette *string* angegebenen Zeichen aus der Eingabe, d.h. die Zeichen werden von stdin nicht nach stdout übertragen. Auch hier kann *string* ein Bereich sein und nicht-druckbare Zeichen enthalten.

Das Flag –c (complement) steht für Negation. Mit

```
tr -c 'abc' 'x'
```

werden alle Zeichen, außer a, b und c, durch den Buchstaben x ersetzt. In Verbindung mit "delete" löscht

```
tr -cd 'A-Z'
```

alle Zeichen mit Ausnahme der Großbuchstaben.

Ein typisches Anwendungsbeispiel für die Negation ist das Zerlegen einer Textdatei in einzelne Wörter, so daß jedes Wort in einer neuen Zeile steht. Das Kommando

```
tr -c 'A-z' '\012'
```

ersetzt alle Zeichen, die keine Buchstaben sind, durch *NEWLINE* und erreicht damit das gewünschte Ergebnis. Allerdings entstehen dabei unnötige Leerzeilen, wenn zwei Wörter durch mehrere Leerzeichen oder Satz- und Leerzeichen voneinander getrennt sind.

Dies führt uns zu dem letzten Flag **-s** (squeeze). Damit werden Folgen gleicher Zeichen, die durch die Substitution entstehen, auf ein Zeichen komprimiert. Die Gegenüberstellung zeigt die unterschiedliche Wirkung von **tr** ohne und mit dem Flag **-s**:

```
$ tr 'a-z' '.'         $ tr -s 'a-z' '.'
Das ist mein           Das ist mein              Eingabezeile
D.. ... ....,          D. . .                    Ausgabezeile
Eingabe-Text           Eingabe-Text              Eingabezeile
E......-T..            E.-T.                     Ausgabezeile
^D                     ^D                        Ende der Eingabe
```

Die Kombination der beiden Flags **c** und **s** liefert die Trennung eines Textes in einzelne Wörter, ohne daß dabei unnötige Leerzeilen entstehen. Das Kommando heißt

```
tr -cs 'A-z' '\012'
```

Es kann zum Beispiel benutzt werden, um in Verbindung mit **sort** eine sortierte Liste aller im Text vorkommenden Wörter zu erzeugen:

```
cat text | tr -cs 'A-z' '\012' | sort -u
```

Das **cat**-Kommando liefert die Eingabe für **tr**, **tr** schreibt jedes Wort in eine neue Zeile, und **sort** sortiert die Zeilen und damit die Wörter. Das Flag **-u** (unique) bei **sort** bewirkt, daß mehrfach vorkommende Wörter nur einmal in der Ausgabe enthalten sind.

4.4 Zählen

Wenn mit einer Pipe oder einem einzelnen Kommando eine Liste erzeugt wird, interessieren nicht immer die einzelnen Elemente der Liste, sondern nur die Anzahl der Elemente. Auf Fragen der Form "wieviel ...?" oder "wie oft ...?" geben zwei Kommandos Auskunft, die hier vorgestellt werden: **wc** und **uniq**.

4.4.1 Das Kommando wc

Das Kommando wc (word count) wird aufgerufen mit

wc *file* ...

und zeigt die Anzahl der Zeilen, Wörter und Zeichen in den angegebenen Dateien. Als Wort wird eine Zeichenfolge betrachtet, die durch Leerzeichen, dem Tabulatorzeichen oder durch das Zeilenende (*NEWLINE*) begrenzt wird. Als Zeichen werden alle Zeichen, auch nicht-druckbare Zeichen, gezählt.

Am Beispiel der Datei text1 sieht man die Ausgabe von wc:

```
$ wc text1
      5         31        146         text1
```

Die erste Zahl gibt die Anzahl der Zeilen in der Datei an, es folgen die Anzahl der Wörter und Zeichen und schließlich der Dateiname.

Ohne Angabe eines Dateinamens liest wc von stdin. Werden mehrere Dateien angegeben, erscheint zusätzlich eine Zeile **total** mit der Summe der Zeilen, Zeichen und Wörter in allen Dateien:

```
$ wc text[1-3]
      5         31        146         text1
     10         62        292         text2
     12         68        320         text3
     27        161        758         total
```

Die Ausgabe von wc kann durch drei Flags modifiziert werden: Mit dem Flag −c (character) wird nur die Anzahl der Zeichen gezeigt, mit −l (line) werden nur die Zeilen und mit −w (word) nur die Wörter gezählt.

Oft findet man das wc-Kommando am Ende einer Pipe, um die Ausgabe eines Statuskommandos auszuwerten. So gibt

```
ls | wc -l
```

die Anzahl der Dateien im Working-Directory an. Mit

```
ps | wc -l
```

erfährt der Benutzer, wieviele Prozesse unter seiner Benutzernummer laufen[5] und

---

[5] Das ps-Kommando gibt für jeden Prozeß eine Zeile und zusätzlich eine gemeinsame Kopfzeile aus. Die Anzahl der Prozesse ist daher um 1 kleiner, als ps|wc -l anzeigt.

```
who | wc -l
```

zeigt an, wieviel Benutzer gerade am Rechner arbeiten.

Als letztes Beispiel soll wc in einer komplexeren Pipe benutzt werden. Uns interessiert die Anzahl der Wörter in einer Datei text im Verhältnis zum Wortschatz, d.h. der Anzahl verschiedener Wörter in der Datei. Die Anzahl der Wörter liefert

```
wc -w text
```

Die Anzahl verschiedener Wörter wird mit einer Pipe berechnet:

```
cat text | tr -cs 'A-z' '\012' | sort -u | wc -l
```

Der Anfang der Pipe ist aus früheren Beispielen bekannt: Die Datei text wird mit cat gelesen und von tr so zerlegt, daß jedes Wort in einer neuen Zeile beginnt. sort sortiert die Zeilen und entfernt dabei Duplikate. Am Ende der Pipe zählt wc die Zeilen und damit die Anzahl verschiedener Wörter.

4.4.2 Das Kommando uniq

Mit dem uniq-Kommando werden identische Zeilen in einer Datei bearbeitet. Der Aufruf

```
uniq file
```

überträgt die angegeben Datei *file*, bzw. stdin bei fehlendem Dateinamen, auf stdout. Dabei werden benachbarte identische Zeilen jeweils nur einmal ausgegeben. Enthält zum Beispiel die Datei namen die Zeilen

```
koch
Maier
Maier
Schmidt
```

dann erhält man

```
$ uniq namen
koch
Maier
Schmidt
```

Da identische Zeilen nur erkannt werden, wenn sie benachbart sind, muß die Datei unter Umständen erst sortiert werden, bevor uniq identische Zeilen entfernt:

```
sort file | uniq
```
Allerdings läßt sich in diesem Fall die gleiche Wirkung mit
```
sort -u file
```
erreichen.

Angewendet wird **uniq**, wenn ein Prozeß Daten liefert und nur die Datenänderungen von Interesse sind. Läuft etwa in einer Laborumgebung ein Benutzerprogramm **messen** ab, das jede Sekunde die Daten eines Meßgeräts auf den Bildschirm (stdout) überträgt, dann erzeugt
```
messen | uniq
```
nur dann eine Ausgabe, wenn sich das Meßergebnis ändert.

Im Normalfall vergleicht **uniq** ganze Zeilen. Mit
```
uniq  +m -n file
```
werden die ersten m Felder und die darauffolgenden n Zeichen beim Vergleich übersprungen. Ein Feld ist eine Zeichenfolge, die durch Leerzeichen oder dem Tabulatorzeichen von ihren Nachbarn getrennt ist. Schreibt zum Beispiel das Programm **messen** vor jedem Meßergebnis die Uhrzeit der Messung in der Form
```
11:37:19  Messwert=197
```
auf stdout, dann beschränkt
```
messen | uniq +1
```
die Ausgabe auf Meßwertänderungen.

Zum Zählen benutzt werden kann **uniq** mit dem Flag **-c** (count). Wie bei dem einfachen **uniq**-Aufruf werden benachbarte identische Zeilen entfernt. Zusätzlich wird gezählt, wie oft eine Zeile (benachbart) auftritt. Diese Zahl wird jeder Ausgabezeile vorangestellt:
```
$ uniq -c namen
    1 koch
    2 Maier
    1 Schmidt
```

Am Beispiel des Programms **messen** zeigen wir einige Anwendungen von **uniq -c**. In der Datei **messdat** sollen die im Sekundenrythmus von **messen** gelieferten Ergebnisse stehen (nur Meßergebnisse ohne Uhrzeit). An der mit
```
$ uniq -c messdat
```
erstellten Liste ist abzulesen, wieviele Sekunden ein Meßwert jeweils konstant geblieben ist. Mit

```
    sort messdat | uniq -c | pr -4
```

erhält man eine Liste, in der aufsteigend sortiert alle Meßwerte mit
ihrer Häufigkeit angegeben sind. Die zehn häufigsten Meßergebnisse
liefert:

```
    sort messdat | uniq -c | sort -r | head
```

Zunächst wird in der Pipe nach den Meßwerten sortiert und ihre
Häufigkeit gezählt. Das anschließende **sort**-Kommando sortiert absteigend nach den Häufigkeiten, und **head** begrenzt die Ausgabe der Pipe
auf die ersten zehn von **sort -r** gelieferten Zeilen. Dies sind die zehn
häufigsten Meßwerte.

Ähnliche Beispiele lassen sich auch für andere Anwendungsbereiche
finden, zum Beispiel zur Textanalyse. Mit der bereits mehrfach benutzten Form des **tr**-Kommandos zum Zerlegen einer Datei in einzelne
Wörter bestimmt die Pipe

```
    cat text | tr -cs 'A-z' '\012' | sort | uniq -c  >ausdat
```

die Häufigkeiten der Wörter in der Textdatei **text**. Die Ausgabe der
Pipe erfolgt zur weiteren Verarbeitung in die Datei **ausdat**. Mit dem
pr-Kommando

```
    pr -4 -l24 ausdat
```

kann die Datei mehrspaltig am Terminal ausgegeben oder mit

```
    sort -r ausdat | head
```

eine Liste der 10 häufigsten Wörter gezeigt werden.

Zum Schluß seien noch die beiden Flags **-d** und **-u** erwähnt. Mit **-d**
werden nur Zeilen ausgegeben, die in der Eingabe mehrfach vorkommen.
Das Flag **-u** bewirkt das Gegenteil: Zeilen, die nur einmal vorkommen,
werden ausgegeben:

```
    $ uniq -d namen
    Maier

    $ uniq -u namen
    koch
    Schmidt
```

4.5 Zeichenketten suchen

Das Suchen von Zeichenketten in Dateien ist eine Funktion, die bei vielen Anwendungen auftritt und oft in Pipes benutzt wird. In den meisten Fällen übernimmt das Suchen ein Kommando aus der "grep-Familie", die hier als erste vorgestellt wird. Für das binäre Suchen in sortierten Dateien gibt es ein eigenes Kommando: **look**.

4.5.1 Die grep-Familie

Um immer den jeweils effizientesten Suchalgorithmus benutzen zu können, gibt es drei verschiedene grep-Kommandos (general regular expression) zum Suchen von Zeichenketten:

fgrep   *flags string file* ...
grep   *flags pattern file* ...
egrep   *flags pattern file* ...

Alle drei Kommandos suchen zeilenweise die Zeichenfolge *string* bzw. *pattern* in den angegebenen Dateien. Im Normalfall, d.h. ohne Angabe von Flags, werden alle Zeilen ausgegeben, die die gesuchte Zeichenfolge enthalten. Wird die Zeichenfolge nicht gefunden, erfolgt auch keine Ausgabe. Werden beim Kommandoaufruf mehrere Dateinamen angegeben, ist jeder Ausgabezeile der Name der zugehörigen Datei vorangestellt. Beim Aufruf ohne Dateinamen lesen die Kommandos von stdin.

Die Kommandos unterscheiden sich in der Angabe des Suchbegriffs. Beim **fgrep**-Kommando (fast grep) wird als Suchbegriff *string* nur eine einfache Zeichenkette angegeben. Beim **grep**-Kommando kann der Suchbegriff Sonderzeichen enthalten und damit Muster beschreiben, wie sie auch beim Suchen mit dem Editor **vi** benutzt werden (Abschn. 3.3.1). Zusätzliche Sonderzeichen und damit komplexere Muster erlaubt das Kommando **egrep**.

Die Mächtigkeit der Kommandos nimmt somit von **fgrep** über **grep** nach **egrep** zu. Das bedeutet aber nicht, daß damit in jedem Fall auch die Laufzeiten steigen. Das Kommando **fgrep** benutzt einen einfachen Algorithmus, der bei kleinen bis mittleren Dateien am schnellsten ist. Dagegen benötigt das **egrep**-Kommando zunächst eine lange Initialisierungsphase, sucht aber anschließend sehr effizient. Beim Durchsuchen großer Dateien ist **egrep** daher schneller als **fgrep**. Die Laufzeit des `grep`-Kommandos liegt in der Mitte zwichen `fgrep` und `egrep`[6].

4.5.2 Einfache Zeichenketten suchen

Bevor wir auf die Sonderzeichen eingehen, zeigen wir am Beispiel von
`fgrep` einige Anwendungen und stellen dabei die wichtigsten Flags vor.
Die Flags können in gleicher Form auch für `grep` und `egrep` benutzt
werden. Im ersten Beispiel benutzen wir die Datei `text` mit dem Inhalt

```
Dies ist Zeile 1
Das ist die zweite Zeile
Letzte Zeile dieser Datei
```

Das `fgrep`-Kommando sucht die Zeichenfolge "die":

```
$ fgrep 'die' text
Das ist die zweite Zeile
Letzte Zeile dieser Datei
```

Die Angabe mehrerer Dateinamen im `fgrep`-Kommando kann beim
Suchen von Dateien helfen, wenn man den Dateinamen vergessen hat.
Handelt es sich zum Beispiel um ein C-Quellprogramm, von dem man
noch weiß, daß es im Working-Directory steht und die Zeichenfolge
`steuer` enthält, dann benutzt man das Kommando

```
fgrep 'steuer' *.c
```

Damit werden alle Dateien mit der Endung `.c`[7] im Working-Directory
durchsucht und die Zeilen ausgegeben, die die Zeichenfolge `steuer` enthalten. Da jeder Ausgabezeile der Dateiname vorangestellt ist, kann
man die richtige Datei auswählen. Die Auswahl ist natürlich um so einfacher, je spezieller die als Suchbegriff angegebene Zeichenfolge ist. So
hat es zum Beispiel wenig Sinn, nach der Zeichenfolge "i" zu suchen, die
sicher in allen Dateien vorkommt.

Bei der gerade beschriebenen Anwendung genügt es, nur die Dateinamen zu sehen und nicht auch noch die Zeilen mit der gesuchten Zeichenfolge. Das Flag `-l` (list) hat die gewünschte Wirkung. Mit dem
Aufruf

```
fgrep -l 'steuer' *.c
```

---

[6] Mit dem in Kapitel 7 behandelten time-Kommando lassen sich die Laufzeiten
messen.

[7] Die Endung .c ist Konvention für Datein mit C-Quellprogrammen.

werden die Namen der Dateien ausgegeben, die die Zeichenfolge 'steuer' enthalten.

In Verbindung mit Quellprogrammen wird fgrep benutzt, um alle Zeilen zu überprüfen, in denen eine bestimmte Variable vorkommt. Dabei interessiert auch die Zeilennummer. Ihre Ausgabe wird durch das Flag -n (number) veranlaßt. Das Kommando

> fgrep -n 'xmax' prog.c

gibt alle Zeilen mit Zeilennummer aus der Datei prog.c aus, in denen die Zeichenfolge xmax vorkommt. Daß dabei auch Zeilen ausgegeben werden, die zum Beispiel maxmax enthalten, muß man bei diesem einfachen Verfahren in Kauf nehmen.

Sucht man mit fgrep in Textdateien, stört oft die Groß- und Kleinschreibung. Man weiß zum Beispiel nicht, ob ein gesuchter Name durchgehend groß (UNIX), klein (unix) oder nur mit großem Anfangsbuchstaben (Unix) geschrieben ist. Bei englischen Texten soll ein Begriff gefunden werden, egal ob er (groß) am Satzanfang oder (klein) in der Satzmitte steht. Für solche Fälle wird das Flag -i benutzt (Bei älteren UNIX-Versionen -y). Es ignoriert beim Suchen die Groß- und Kleinschreibung. Wir benutzen -i, um mit

> fgrep -i 'symbol table' /usr/man/man1/* > liste &

das UNIX-Manual nach dem Begriff "symbol table" zu durchsuchen.[8] Aus dem Dateinamen läßt sich auf den Kommandonamen schließen. Da der Suchauftrag recht umfangreich[9] ist, wird das Kommando mit dem &-Zeichen in den Hintergrund gestellt und die Ausgabe in der Datei liste gesammelt. Das Terminal ist damit während des Suchvorgangs für andere Aufgaben frei.

Als Filter wird fgrep in einer Pipe benutzt, um die Ausgabe auf bestimmte Zeilen zu beschränken. Als Beispiel benutzen wir die Ausgabe des ps-Kommandos. Das Kommando ps -a gibt Informationen über alle (-a) Prozesse aus, für jeden Prozeß eine Zeile. Eine Zeile enthält neben einigen numerischen Angaben den Name des ausgeführten

---

[8] Bei Systemen mit on-line-Manual enthält das Directory /usr/man/man1 (bei einigen Systemen: /usr/man/u_man1) für jedes UNIX-Kommando eine Datei mit der Kommandobeschreibung. Der Name der Datei entspricht etwa dem Namen des Kommandos

[9] Bei diesem umfangreichen Suchauftrag lohnt sich auch die Anwendung von grep und egrep zur Ersparnis von Rechenzeit. An einem Rechner "VAX 11/750" wurden folgende CPU-Zeiten für das Durchsuchen des Manuals gemessen: fgrep 100s, grep 75s, egrep 64s.

Kommandos und den Terminalnamen. Mit der Pipe

```
ps -a | fgrep 'tty09'
```

werden nur Prozesse gezeigt, die am Terminal **tty09** arbeiten, d.h. es werden nur die Zeilen ausgegeben, in denen die Zeichenfolge **tty09** vorkommt. Das Gegenteil bewirkt

```
ps -a | fgrep -v 'tty09'
```

Mit dem Flag **-v** gibt **fgrep** alle Zeilen aus, die nicht den Suchbegriff (hier: **tty09**) enthalten. Die letzte Pipe zeigt also alle Prozesse an, außer denen am Terminal **tty09**.

Die letzten beiden Flags erläutern wir am Beispiel der Frage: "Wie oft kommt das Wort **und** in einem Text vor?" Zusammen mit dem **wc**-Kommando liefert

```
fgrep 'und' text | wc -l
```

die Anzahl der Zeilen in der Datei **text**, in denen die Zeichenkette 'und' steht. Für das Zählen gibt es auch ein eigenes Flag im **fgrep**-Kommando: **-c** (count). Der Aufruf

```
fgrep -c 'und' text
```

gibt wie oben nur die Anzahl der Zeilen aus, in denen die gesuchte Zeichenkette vorkommt.

Was ist aber, wenn eine Zeile mehrere **und** enthält? Um in diesem Fall alle **und** zu zählen, zerlegen wir mit **tr** zunächst den Text in einzelne Wörter (s. Abschn. 4.3). In der Pipe

```
cat text | tr -cs 'A-z' '\012' | fgrep -n 'und'
```

erhält **fgrep** mit jeder Zeile nur ein Wort. Das Kommando sucht die Zeilen mit **und** und zählt sie. Mitgezählt werden aber auch Wörter wie "undicht" oder "Freund".

Das Problem läßt sich mit dem Flag **-x** (exact) lösen.[10] Das Kommando

```
fgrep -x string file
```

gibt nur die Zeilen aus, in denen nichts anderes als *string* steht. Die Pipe

```
cat text | tr -cs 'A-z' '\012' | fgrep -n -x 'und'
```

liefert daher schließlich das richtige Ergebnis, nämlich die Häufigkeit des Wortes **und** in der Datei **text**.

---

[10] Das Flag **-x** gibt es nur im **fgrep**-Kommando und nicht für **grep** und **egrep**

4.5.3 Suchen von Mustern

Benutzt man zum Suchen das Kommando **grep** oder **egrep**, kann als Suchbegriff ein Muster angegeben werden. Die Muster werden mit den in Abbildung 4.2 dargestellten Sonderzeichen gebildet, für die wir hier einige Beispiele zeigen. Dazu dient die Datei **text** mit folgendem Inhalt:

```
Dies ist Zeile 1
Das ist die zweite Zeile
Zeile 3
ZEILE 4
Letzte Zeile dieser Datei
```

Die Zeichen ^ und $ stehen im Suchmuster für Zeilenanfang und Zeilenende:

```
$ grep '^Zeile' text
Zeile 3
$ grep 'Zeile$' text
Das ist die zweite Zeile
```

Durch die Kombination der beiden Sonderzeichen ^ und $ erhält man die Wirkung von **fgrep -x**. Die beiden Kommandos

```
grep '^string$'      und      fgrep -x 'string'
```

geben alle Zeilen aus, die nur aus *string* bestehen.

Der Punkt steht in einem Muster für ein beliebiges Zeichen. Das folgende **grep**-Kommando gibt damit alle Zeilen aus, in denen der Buchstabe **e** gefolgt von einem beliebigen Zeichen gefolgt vom Buchstaben **t** steht:

```
$ grep 'e.t' text
Das ist die zweite Zeile
```

Zeichenbereiche werden in eckigen Klammern angegeben. Um zum Beispiel Zeilen zu suchen, die Ziffern enthalten, schreibt man

```
$ grep '[0-9]' text
Dies ist Zeile 1
Zeile 3
ZEILE 4
```

In einem Zeichenbereich wirkt das Zeichen ^ als Komplement-Operator. Das **grep**-Kommando im nächsten Beispiel enthält das ^-Zeichen sowohl außerhalb des Zeichenbereichs (als Symbol für Zeilenanfang) als auch im Zeichenbereich. Es findet damit alle Zeilen, die nicht mit dem Buchstaben **D** beginnen.

```
$ grep '^[^D]' text
Zeile 3
ZEILE 4
Letzte Zeile dieser Datei
```

Mit dem Zeichen * wird die beliebige Wiederholung eines Zeichens oder Zeichenbereichs im Suchmuster bewirkt. Das Muster **ab*c** steht für **ac, abc, abbc, abbbc** usw. Da der Stern auch die nullfache Wiederholung bedeutet, gibt

```
grep 'x*' text
```

alle Zeilen von text aus, denn jede Zeile enthält mindestens nullmal den Buchstaben x.

Verwendet wird der Stern oft zusammen mit dem Punkt. Das Kommando

```
grep 'ab.*cd' text
```

gibt alle Zeilen aus, in denen auf ab eine beliebige Zeichenfolge und schließlich cd folgt.

Um die Wirkung eines Sonderzeichens aufzuheben, wird ihm das Zeichen "\" vorangestellt. Sind zum Beispiel im Quellprogramm prog.c Kommentare in /* und */ eingeschlossen, gibt das folgende **grep**-Kommando alle Zeilen aus, die Kommentar enthalten:

```
grep '/\*.*\*/' prog.c
```

Von den zusätzlichen Möglichkeiten, die **egrep** bietet (Abb. 4.2) beschränken wir uns auf die *oder*-Verknüpfung. Sie wird mit dem Pipe-Symbol | gebildet[11] . Das folgende **egrep**-Kommando gibt alle Zeilen aus, die "Das" oder "Dies" enthalten:

```
$ egrep 'Das|Dies' text
Dies ist Zeile 1
Das ist die zweite Zeile
```

Ein Operator für die *und*-Verknüpfung wird nicht benötigt. Um zum Beispiel alle Zeilen zu finden, die sowohl den Buchstaben a als auch den Buchstaben b enthalten, benutzt man die Pipe

```
grep 'a' text | grep 'b'
```

---

[11] Die Einklammerung des Suchmusters in Hochkommata sorgt dafür, daß Shell das Pipe-Symbol nicht interpretiert.

Zeichen	Bedeutung, Beispiel	zulässig für		
		fgrep	grep	egrep
\	hebt Wirkung Sonderzeichen auf grep '*' = suche das Zeichen *		X	X
^	Zeilenanfang grep '^xyz' = suche xyz am Zeilenanf.	s.u.	X	X
$	Zeilenende grep 'xyz$' = suche xyz am Zeilenende	s.u.	X	X
.	ein beliebiges Zeichen grep 'a.b' = suche a<ein Zeichen>b		X	X
[ ]	Zeichenbereich grep '[A-Z]' = suche Großbuchstaben		X	X
[^]	Zeichenbereich-Komplement grep '[^A-Z]' = suche alle Zeichen, außer Großbuchstaben		X	X
*	beliebige Wiederholung des letzten Zeichens oder Zeichenbereichs grep 'ab*' = suche ab^n, $n \geq 0$		X	X
+	mindestens einfache Wiederholung des letzten Zeichens/Zeichenbereichs egrep 'ab+' = suche ab^n, $n \geq 1$			X
?	höchstens einfache Wiederholung des letzten Zeichens/Zeichenbereichs egrep 'ab?' = suche a oder ab			X
|	oder-Verknüpfung egrep 'ab|cd' = suche ab oder cd			X

Abb.4.2: *Muster für grep-Kommandos. Die Wirkung von "grep '^text$'"
kann im fgrep-Kommando mit "fgrep -x 'text'" erreicht werden.*

4.5.4 Die Grenzen von grep

Die Beschreibung der grep-Familie sollte einen Eindruck vermitteln, wie vielseitig diese Kommandos zu gebrauchen sind. Trotzdem gibt es natürlich auch hier Grenzen, auf die wir abschließend hinweisen:

- Es ist nicht möglich, Suchbegriffe anzugeben, die über mehrere Zeilen gehen. Das Suchen von Kommentaren im Programm prog.c (siehe Beispiel Muster) ist nur möglich, wenn die öffnende und schließende Kommentarklammer (/* und */) in der selben Zeilen steht.

- Feldpositionen, vergleichbar zum **sort**-Kommando, mit denen das Suchen auf bestimmte Felder beschränkt werden kann, existieren beim **grep**-Kommando nicht. Soll nur das erste oder letzte Feld durchsucht werden, kann man sich jedoch mit den Sonderzeichen ^ und $ helfen.

- Das Kommando **grep** kennt im Gegensatz zu **tr** keine Oktalzahlen. Es können also nur druckbare Zeichen gesucht werden.

4.5.5 Binäres Suchen

Liegt eine Datei sortiert vor, kann ein sehr schnelles Suchverfahren, das binäre Suchen, benutzt werden. Es ist in der Berkeley UNIX-Version mit dem Kommando **look** implementiert. Der Aufruf

> **look** *string file*

gibt alle Zeilen der sortierten Datei *file* aus, die mit der Zeichenfolge *string* beginnen. Ohne Angabe eines Dateinamens wird nicht von stdin, sondern aus der Datei **/usr/dict/words** gelesen. In dieser Datei ist üblicherweise ein englischer Diktionär abgelegt.

Das Flag —f bewirkt, daß beim Vergleich nicht zwischen Groß- und Kleinschreibung unterschieden wird.

Enthält die sortierte Datei **telefon** Zeilen der Form

> *Nachname Vorname Tel.nr.*

dann liefert

> **look 'Meier ' telefon**

die Telefonnummern aller Herren Meier in der Datei. Um den Namen zu einer gegebenen Telefonnummer zu finden, benutzt man das **grep**-Kommando. Zum Beispiel gibt

```
grep ' 11506$' telefon
```

den Teilnehmer mit der Rufnummer 11506 aus (Segelflugwettervor-
hersage).

4.6 Vergleichen von Dateien

Für das Vergleichen von Dateien stehen drei Kommandos zur Verfügung:
cmp, **diff** und **comm**. Während **cmp** und **diff** vorwiegend dazu benutzt
werden, Unterschiede zwischen verschiedenen Versionen einer Datei zu
finden, dient **comm** zum Vergleichen sortierter Listen.

4.6.1 Das Kommando cmp

Das **cmp**-Kommando (compare) ist das einfachste und schnellste
Kommando zum Vergleichen zweier Dateien. Es wird aufgerufen mit

    cmp *file1* *file2*

Sind die Inhalte der beiden Dateien *file1* und *file2* gleich, erfolgt keine
Ausgabe. Unterscheiden sie sich, wird die Zeilen- und Zeichennummer
gemeldet, bei der der erste Unterschied auftritt. Für *file1* kann das Zeichen "-" angegeben werden. In diesem Fall werden stdin und *file2* verglichen.

Als Beispiel benutzen wir zwei Dateien **alt** und **neu**, die sich in der
zweiten und dritten Zeile unterscheiden:

```
         alt                        neu
    Erste Zeile                 Erste Zeile
    Zweite Zeile                Zweite ZEILE
    Dritte Zeile                Dritte Zeile neu
    Vierte Zeile                Vierte Zeile
```

Das **cmp**-Kommando findet den ersten Unterschied und meldet ihn:

```
$ cmp alt neu
c1 c2 differ: char 21, line 2
```

Um alle Unterschiede zwischen **alt** und **neu** zu sehen, kann das
Flag **-l** benutzt werden. Das Flag ist in erster Linie für den Vergleich
von Binärdateien gedacht. Die Ausgabe erfolgt daher in einem anderen
Format: Ungleiche Bytes werden durch ihre Nummer (dezimal), gefolgt
vom Byteinhalt (oktal) in beiden Dateien ausgegeben:

```
$ cmp -l alt neu              Byte   alt   neu
   21 145 105                  21:     e     E
   22 151 111                  22:     i     I
   23 154 114                  23:     l     L
   24 145 105                  24:     e     E
   38  12  40                  38:     NL    Blank
   39 126 156                  39:     V     n
 usw. bis
   50 145 132                  50:     e     Z
   51  12 145                  51:     NL    e
```

Abschließend soll noch auf eine Meldung beim `cmp`-Kommando hingewiesen werden. Erscheint am Bildschirm

```
$ cmp alt1 neu1
cmp: EOF on alt1
```

dann wurde vor Ende des Vergleichs das Dateiende von `alt1` erreicht. Da vorher kein Unterschied zwischen `alt1` und `neu1` gemeldet wurde, steht am Anfang der Datei `neu1` der Inhalt von `alt1`.

4.6.2 Das Kommando diff

Auch das Kommando `diff` dient zum Vergleich unterschiedlcher Versionen einer Datei. Es liefert aber genauere Informationen als `cmp`. Der Aufruf

```
diff alt neu
```

gibt die Unterschiede zwischen den beiden Dateien `alt` und `neu` aus. Die Ausgabe beschreibt, welche Zeilen in `alt` einzufügen, zu ändern oder zu löschen sind, um `neu` zu erstellen. Sind beide Dateien gleich, wird keine Ausgabe erzeugt. Wird für `alt` oder `neu` das Zeichen "-" angegeben, liest `diff` eine der beiden Dateien von stdin.

Die Ausgabe von `diff` besteht aus `a` (add)-, `d` (delete)- und `c` (change)- Instruktionen. Jeder Instruktion folgen die Zeilen, die hinzuzufügen (`a`), zu löschen (`d`) oder zu ändern (`c`) sind. Zeilen aus der Datei `alt` wird das Zeichen < vorangestellt, Zeilen aus `neu` das Zeichen >. Zusätzlich geben Zeilennummern in den Instruktionen den betroffenen Zeilenbereich an. Sind alt_1, alt_2 Zeilennummern in der Datei `alt` und neu_1, neu_2 Zeilennummern in der Datei `neu`, dann sieht die Ausgabe von `diff` so aus:

Instruktion Von diff erzeugte Ausgabe:	Bedeutung Um aus alt die Datei neu zu erzeugen:
alt_1 a neu_1 , neu_2 > *einzufügende Zeilen*	füge (add) die Zeilen neu_1 bis neu_2 hinter alt_1 ein
alt_1 , alt_2 d neu_1 < *zu löschende Zeilen*	lösche (delete) die Zeilen alt_1 bis alt_2. (Zu neu_1 siehe Text)
alt_1 , alt_2 c neu_1 , neu_2 < *zu löschende Zeilen* - - - > *einzufügende Zeilen*	tausche (change) die Zeilen alt_1 bis alt_2 durch neu_1 bis neu_2 aus

Falls ein Zeilenbereich, z.B. alt_1 bis alt_2, nur aus einer Zeile besteht, wird nur eine Zeilennummer alt_1 ausgegeben. Die Zeilennummer neu_1 hinter der d-Instruktion gibt zusätzliche Informationen für den Fall, daß neu in alt überführt werden soll. In diesem Fall liest man den Befehl von rechts nach links und ersetzt d durch a und a durch d.

Die Bedeutung der Zeichen > und < in der diff-Ausgabe kann man sich anhand der Pfeilspitzen in dem Bild

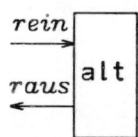

merken. Um aus alt die Datei neu zu erzeugen, werden mit > versehene Zeilen eingefügt (*rein*) und mit mit < markierte Zeilen herausgenommen (*raus*).

Als erstes Beispiel für die Ausgabe des diff-Kommandos sollen die beiden Dateien alt und neu die folgende Zeilen enthalten:

alt	*neu*
erste Zeile	erste Zeile
letzte Zeile	zweite Zeile
	dritte Zeile
	letzte Zeile

Das diff-Kommando zeigt an, daß die Zeilen 2 und 3 neu sind: Sie müssen hinter Zeile 1 eingefügt (add) werden:

```
$ diff f1 f2
1a2,3
> zweite Zeile
> dritte Zeile
```

Vertauscht man die Inhalte von alt und neu, das heißt

alt	*neu*
erste Zeile	erste Zeile
zweite Zeile	letzte Zeile
dritte Zeile	
letzte Zeile	

dann gibt das diff Kommando an, daß die Zeilen 2 und 3 in alt zu löschen (delete) sind:

```
$ diff alt neu
2,3d1
< zweite Zeile
< dritte Zeile
```

Als Beispiel für die Instruktion c enthalten die beiden Dateien alt und neu die Zeilen

alt	*neu*
erste Zeile	erste Zeile
zweite Zeile	neue zweite Zeile
letzte Zeile	letzte Zeile

Das diff-Kommando erzeugt beim Vergleich von alt und neu die Ausgabe:

```
$ diff alt neu
2c2
< zweite Zeile
---
> neue zweite Zeile
```

Die Ausgabe besagt, daß die zweite Zeile auszutauschen (change) ist. Der Text "zweite Zeile" ist herauszunehmen und dafür die "neue zweite Zeile" einzufügen.

Abgesehen von einigen Spezialfällen, findet das diff-Kommando immer die minimale Anzahl notwendiger Änderungen. Als Hinweis dafür soll das nächste Beispiel dienen, in dem die Dateien

```
        alt                          neu
   erste Zeile                allererste Zeile
   zweite Zeile               erste Zeile
   dritte Zeile               neue Zeile 2
   vierte Zeile               neue Zeile 3
   letzte Zeile               letzte Zeile
```

verglichen werden. Das diff-Kommando gibt mehrere Instruktionen
aus:

```
$ diff alt neu
0a1
> allererste Zeile
2,4c3,4
< zweite Zeile
< dritte Zeile
< vierte Zeile
---
> neue Zeile 2
> neue Zeile 3
```

Im gezeigten Beispiel wird Zeile 1 aus **neu** hinter die Zeile 0, dem
gedachten Dateianfang von **alt**, eingefügt. Die drei Zeilen 2 bis 4 in
alt werden durch die zwei Zeilen (mit den Nummern 3 und 4 in **neu**)
ersetzt.

Spätestens am letzten Beispiel wurde deutlich, daß die Ausgabe von
diff zwar sehr viel Informationen enthält, aber gerade deswegen nicht
einfach zu lesen ist. Es bietet sich an, die Informationen durch eine
Pipe zu filtern. So gibt zum Beispiel

```
diff alt neu | grep '^>'
```

nur die Zeilen aus, die mit dem Zeichen > beginnen. Es werden damit
alle Zeilen gezeigt, die beim Übergang von **alt** nach **neu** geändert oder
eingefügt wurden. Verlängert man die Pipe mit dem wc-Kommando

```
diff alt neu | grep '^>' | wc -l
```

wird die Anzahl geänderter oder neuer Zeilen ausgegeben. Damit kann
der Umfang der Änderungen von **alt** nach neu abgeschätzt werden.

Das Kommando diff kann auch benutzt werden, um Befehle für
den zeilenorientierten Editor **ed** zu erzeugen. Dies geschieht mit dem
Flag **-e**. Mit dem Kommando

```
diff -e alt neu >delta
```

werden in der Datei **delta** ed-Befehle abgelegt, die die Datei **alt** in neu überführen. Nur Befehle zur Ausgabe sind in delta nicht enthalten und müssen je nach Anwendung neu eingefügt werden. Der ed-Befehl zur Ausgabe in die Datei neu heißt w neu (write neu). Wir fügen ihn mit

```
cat >>delta
w neu
^D
```

an das Ende von delta ein. Die Datei neu kann jetzt gelöscht werden. Sie wird bei Bedarf mit

```
$ ed alt <delta
64
68
```

wieder erzeugt. Der Editor ed liest hierfür die als Parameter angegebene Datei alt und führt die von stdin (das ist hier die Datei delta) gelesenen Befehle aus. Durch den w-Befehl am Ende von delta wird der editierte Dateiinhalt nach neu geschrieben. Die Datei alt bleibt unverändert. Die beiden von ed ausgegebenen Zahlen geben die Größe (in byte) der alten Datei alt und der neu erzeugten Datei neu an.

Mit diesem Verfahren können mehrere Versionen einer Datei platzsparend gespeichert werden. Statt jede Version vollständig zu speichern, genügt es, eine Basisversion und die mit diff -e erzeugten "Differenzdateien" aufzubewahren.

Abschließend sei noch auf zwei Verwandte von diff hingewiesen, die allerdings nicht in allen UNIX-Versionen zur Verfügung stehen: bdiff und diff3. Das Kommando bdiff (big diff) ist zum Vergleichen sehr großer Dateien gedacht, die diff nicht mehr verarbeiten kann[12]. Aufruf und Ausgabeformat von bdiff entsprechen dem von diff, allerdings kennt bdiff nicht das Flag -e.

Das Kommando diff3 vergleicht drei Versionen einer Datei. Die mit

diff3 *file1 file2 file3*

erzeugte Ausgabe entspricht etwa der Ausgabe von diff. Den Ausgabezeilen sind zusätzlich Dateinummern vorangestellt.

---

[12] Die maximale Anzahl Zeilen, die diff je Datei verarbeiten kann, ist systemabhängig (z.B. 3500 Zeilen).

4.6.3 Das Kommando comm

Mit dem Kommando

 comm *file1 file2*

werden die Dateien *file1* und *file2* auf gemeinsame (**comm**on) Zeilen
untersucht. Voraussetzung ist, daß beide Dateien sortiert sind. Für
file1 oder *file2* kann das Zeichen "-" angegeben werden, um von stdin zu
lesen.

 Die Ausgabe des **comm**-Kommandos ist dreispaltig. In Spalte 1 stehen die Zeilen, die nur in *file1* vorkommen. Spalte 2 enthält die Zeilen,
die nur in *file2* stehen und die dritte Spalte enthält die gemeinsamen
Zeilen. Haben zum Beispiel die beiden Dateien **zeichen1** und **zeichen2**
den Inhalt

 zeichen1:   *zeichen2:*

  aaaaa   ccccc
  bbbbb   ddddd
  ddddd   eeeee

dann erhält man mit dem **comm**-Kommando:

```
$ comm zeichen1 zeichen2
aaaaa
bbbbb
        ccccc
                ddddd
        eeeee
```

Die mehrspaltige Ausgabe von **comm** fällt nicht immer so deutlich aus
wie im Beispiel. Wir zeigen das an den beiden Dateien **saetze1** und
saetze2[13] :

  saetze1:   *saetze2:*

 ausschliesslich 1   ausschliesslich 2
 begrenzt auf 1   gemeinsam
 gemeinsam   nur in 2

Hier erzeugt **comm** die Ausgabe

---

[13] Man beachte, daß die beiden Dateien sortiert sind. Dies ist wie anfangs erwähnt
die Voraussetzung für comm

```
$ comm saetze1 saetze2
ausschliesslich 1
        ausschliesslich 2
begrenzt auf 1
                gemeinsam
        nur in 2
```

Die Ursache für die unklare Ausgabe ist, daß - unabhängig von der
Länge der Eingabezeilen - für jede Spalte nur eine Tabulatorposition
(üblicherweise 8 Zeichen) vorgerückt wird. Eine Lösung hierfür bietet
das **expand**-Kommando (oder **pr -e**) aus Abschn. 4.1.4. Es wird in
einer Pipe an **comm** gehängt und erzeugt Spalten mit einer Breite von 20
Zeichen:

```
$ comm saetze1 saetze2 | expand -20
ausschliesslich 1
                        ausschliesslich 2
begrenzt auf 1
                                        gemeinsam
        nur in 2
```

Reicht bei langen Zeilen die Zeilenlänge am Terminalbildschirm nicht
aus, um die Spalten zu zeigen, kann ganz auf die spaltenweise Ausgabe
verzichtet werden. Zusammen mit **tr** gibt

comm saetze1 saetze2| tr '*Tab-Taste*' '*∗*'

alle Zeilen linksbündig aus. Das **tr**-Kommando wandelt das Tabulatorzeichen in ∗ um. Die Zeilen aus **saetze1** erhalten damit keinen Stern,
während den Zeilen aus **saetze2** und gemeinsamen Zeilen ein bzw. zwei
Sterne vorangestellt werden.

Die bisher gezeigte Ausgabe von **comm** liefert oft mehr Informationen als gewünscht. Mit den Zahlen i und j (zwischen 1 und 3) in

comm *-i file1 file2*   und   **comm** *-ij file1 file2*

wird die Ausgabe der Spalte i (und j) unterdrückt. So gibt zum Beispiel

comm *-12 file1 file2*

nur Spalte 3 und damit nur die in *file1* und *file2* gemeinsam vorkommenden Zeilen aus. In der folgenden Tabelle sind alle von **comm** jeweils
ausgegebenen Informationen mit **X** markiert:

Kommando	Zeilen nur in *file1*	Zeilen nur in *file2*	gemeinsame Zeilen
comm *file1 file2*	X	X	X
comm −1 *file1 file2*		X	X
comm −2 *file1 file2*	X		X
comm −3 *file1 file2*	X	X	
comm −12 *file1 file2*			X
comm −13 *file1 file2*		X	
comm −23 *file1 file2*	X		

Abschließend geben wir zwei Anwendungsbeispiele. Wir benutzen dazu die Pipe aus Abschn. 4.4.1

```
cat text | tr -cs 'A-z' '\012' | sort -u
```

mit der eine sortierte Liste mit allen Wörtern aus der Datei `text` erzeugt wird. Existiert eine Datei mit Namen `duden`, die nur richtig geschriebene Wörter enthält, erhält man durch Verlängern der Pipe mit dem `comm`-Kommando

```
cat text | tr -cs 'A-z' '\012' | sort -u | comm -23 - duden
```

ein Werkzeug zur Tippfehleranalyse. Das `comm`-Kommando vergleicht die von stdin (Dateiname "−") durch die Pipe erhaltenen Wörter mit denen in `duden` und gibt alle Wörter aus, die nicht in `duden` vorkommen. Das sind alle Wörter, die vermutlich falsch geschrieben sind.

Schreibt man die Ausgabe der letzten Pipe in die Datei `fehler` und entfernt mit einem Editor aus `fehler` alle tatsächlich falsch geschriebenen Wörter, kann der Wortschatz von `duden` erweitert werden. Aus der berichtigten Datei `fehler` und aus `duden` entsteht durch Mischen mit

```
sort -m duden fehler -o duden
```

eine erweiterte Datei `duden`. Auf diese Weise kann die Datei `duden` ausgehend von einer leeren Datei sukzessiv aufgebaut werden.

Im nächsten Beispiel ersetzt `comm` das `grep`-Kommando. Die Datei `index` enthalte eine sortierte Liste mit Fachbegriffen, die als Stichwörter Hinweise auf den Inhalt eines Textes geben können. Ein Text in der Datei `fachtext` wird wie oben zerlegt und dann mit `index` verglichen:

```
cat fachtext|tr -cs 'A-z' '\012'|sort -u|comm -12 - index
```

Die Ausgabe enthält alle Wörter aus index, die auch in fachtext vorkommen. Das läßt Rückschlüsse auf die Themengebiete zu, die im Text
fachtext behandelt werden.

5   Shell als Programmiersprache

Die Kommandosprache Shell enthält neben den bisher vorgestellten
Kommandos und den Pipes auch Anweisungen, wie man sie aus Programmiersprachen kennt: es gibt bedingte Anweisungen, Schleifen, Variablen und in gewisser Weise auch Unterprogramme. Folgen von Shell-
Kommandos, einschließlich der genannten Anweisungen, können am
Bildschirm eingegeben und damit sofort ausgeführt werden; sie können
aber auch mit einem Editor in eine Datei geschrieben werden.

Im zweiten Fall sprechen wir von Kommandoprozeduren oder einfach Prozeduren. In diesem Kapitel wird gezeigt, wie Prozeduren programmiert werden.

5.1 Einführende Beispiele

Aus der Sicht des Benutzers unterscheidet Shell nicht, ob Kommandos
am Terminal eingegeben werden oder aus einer Datei zu lesen sind. Wir
erinnern daran, daß die Eingabetastatur des Terminals auch als Datei
betrachtet werden kann. Bei Ausführung einer Kommandoprozedur
liest Shell statt vom Terminal aus der Datei, die die Prozedur enthält.
Folglich ist auch das Format der im Dialog am Terminal eingegebenen
Kommandos und der in einer Datei abgelegten Kommandos identisch.
Im Gegensatz zu vielen anderen Betriebssystemen gibt es keine speziellen Anweisungen, die Anfang und Ende einer Kommandoprozedur kennzeichnen.

Die Namen von Kommandoprozeduren sind frei wählbar, lediglich
der Name .profile hat eine spezielle Bedeutung. Steht im Home-
Directory des Benutzers eine Datei mit diesem Namen wird sie automatisch bei jedem Anmelden (login) ausgeführt.

Da Kommandos nicht am Zeilenanfang beginnen müssen, können
und sollen verschachtelte Strukturen durch entsprechendes Einrücken
deutlich gemacht werden. Leerzeilen in einer Prozedur sind erlaubt und
können die Übersichtlichkeit verbessern. Mit : beginnende Zeilen werden von Shell ignoriert und können als Kommentarzeilen benutzt werden.

5.1.1 Ausführen einer Kommandoprozedur

Gehen wir davon aus, die Datei **proc** enthalte die folgenden beiden
Zeilen, deren Bedeutung wir als bekannt voraussetzen (s. Abschn. 2.3):

```
echo   ANFANG
echo   ENDE
```

Der Kommandointerpreter Shell liegt als ausführbares Programm vor,
üblicherweise in der Datei **/bin/sh.** Wie bereits in Kapitel 1 beschrieben, wird **sh** beim Anmelden eines Benutzers (login) implizit aufgerufen,
um seine Kommandos zu lesen und ihre Ausführung zu veranlassen.
Beim Arbeiten am Terminal kann — wie jedes andere Kommando — auch
sh aufgerufen werden. Mit Eingabe von

```
sh <proc
```

bewirken wir daher die Ausführung der beiden oben angegebenen
Kommandozeilen. Am Bildschirm erscheint :

```
ANFANG
ENDE
```

Abbildung 5.1 verdeutlicht den Zusammenhang: Zum Ausführen von
proc erzeugt Shell mit **fork** einen neuen Prozeß, in dem ebenfalls Shell
abläuft. Der Sohnprozeß liest seine Eingabe von stdin (wegen der mit **<**
proc erfolgten Umlenkung von stdin ist das die Datei **proc**), während
der Vaterprozeß auf die Beendigung des Sohnprozesses wartet. Beide
Prozesse teilen sich als Ausgabemedium stdout den Terminalbildschirm.

Die Eingabe **sh <proc** kann vereinfacht werden; der oben beschriebene Algorithmus bleibt davon weitgehend unberührt: Zunächst kann
das Zeichen **<** entfallen. Damit wird der Name **proc** zum Argument von
sh. sh interpretiert das Argument als Namen der Datei, aus der die
Eingabe gelesen werden soll. Der Aufruf von **sh** ohne Argument liest
dagegen aus stdin.

Mit der nächsten Vereinfachung kommen wir zu der Form, in der
Kommandoprozeduren üblicherweise aufgerufen werden. Wenn der
Datei **proc** das Attribut ausführbar zugeordnet ist, etwa mit

```
chmod +x proc
```

wird die Ausführung einfach durch Eintippen von

```
proc
```

veranlaßt. Der Aufruf einer Kommandoprozedur unterscheidet sich
nicht vom Aufruf eines übersetzten Programms: es genügt, den Dateinamen anzugeben. Der Kommandointerpreter Shell liest die Eingabezeile,

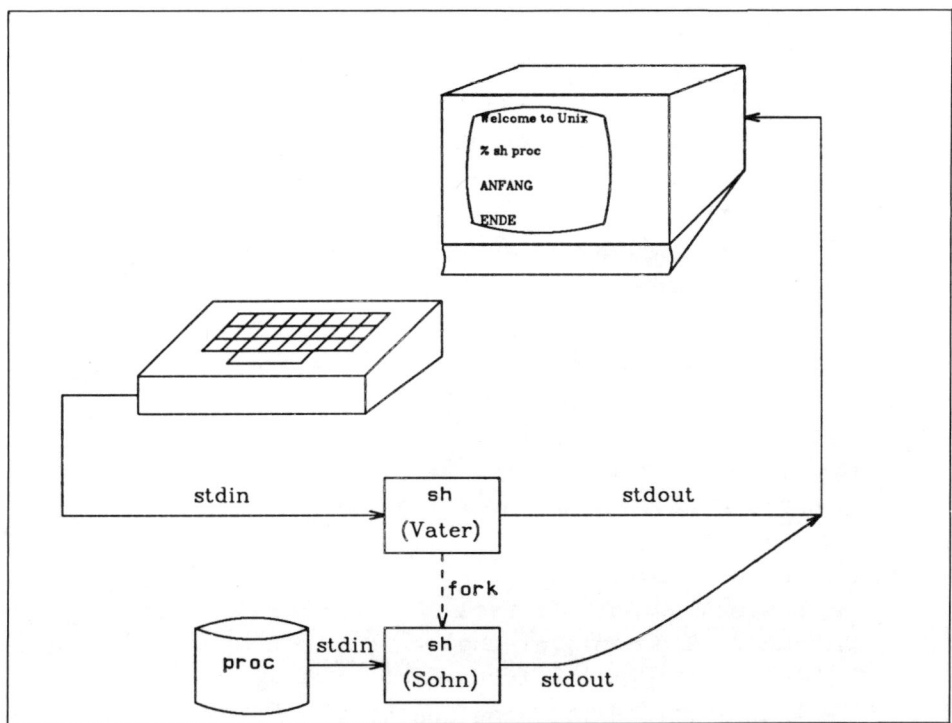

Abb. 5.1: Ausführen einer Kommandoprozedur proc

erkennt, daß **proc** kein ausführbares (übersetztes) Programm enthält, und führt den beschriebenen Algorithmus zur Ausführung der Kommandoprozedur durch.

5.1.2 Argumente

Beim Aufruf einer Kommandoprozedur können Argumente angegeben werden, wobei die gleiche Syntax wie bei Kommandos gilt. Die Argumente können Metazeichen (s.Abschn. 1.5.5) enthalten, die von Shell vor Übergabe der Argumente an die Prozedur aufbereitet werden. So sind zum Beispiel die folgenden beiden Aufrufe einer Prozedur **argproc** äquivalent:

```
argproc datei1 datei2 datei3
argproc datei [1-3]
```

In beiden Fällen erhält **argproc** drei Argumente, ohne unterscheiden zu können, ob sie in der ersten oder abgekürzten zweiten Form angegeben worden sind.

Innerhalb der Prozedur erfolgt der Zugriff auf die Argumente durch fest definierte Variablennamen: **$1** steht für die Zeichenkette, die als erstes Argument angegeben wurde, **$2** bis **$9** repräsentieren das zweite bis neunte Argument. In **$0** steht der Name der Prozedurdatei. Die gesamte Argumentliste enthält **$*** und die Anzahl der Argumente **$#**. Der folgende Beispieldialog zeigt anhand der Prozedur **argproc** die Anwendung der Variablen:

```
$ cat argproc
   echo das erste Argument ist $1
   echo das zweite Argument ist $2
   echo der Aufruf enthaelt $# Argumente
   echo die Argumentliste ist $*
   echo die Prozedurdatei heisst $0
$ chmod +x argproc
$ argproc eins zwei drei
   das erste Argument ist eins
   das zweite Argument ist zwei
   der Aufruf enthaelt 3 Argumente
   die Argumentliste ist eins zwei drei
   die Prozedurdatei heisst argproc
```

5.1.3 Ablauf beobachten

Die Kommandos, die Shell aus einer Kommandoprozedur liest, werden nicht auf dem Bildschirm angezeigt. Der Benutzer sieht nur die Wirkung der Kommandos. Mit dem Aufruf

```
sh -v datei
```

wird Shell veranlaßt, zusätzlich die aus *datei* gelesenen Kommandos auszugeben (**v** steht für englisch verbose, dt: gesprächig):

```
$ sh -v proc
   echo ANFANG
   ANFANG
   echo ENDE
   ENDE
```

Diese Form des Aufrufs wird zur Fehlersuche benutzt, um zu erkennen, welche Kommandos in einer Prozedur fehlerhaft sind.

5.1.4 Beispiel: Telefonbuch-Prozedur

Wir entwickeln eine Kommandoprozedur `tel`. Der Aufruf

   `tel` *name*

soll angeben, welche Telefononnummer der Teilnehmer *name* hat. Im
Laufe der weiteren Beschreibung der Shell-Programmierung werden wir
`tel` weiter ausbauen.

Zur Lösung der Aufgabe speichern wir Name und Telefonnummer in
einer Datei `/usr/lib/telnummern`. Jede Zeile enthält einen Namen und
die zugehörige Telefonnummer, zum Beispiel

   `mueller 069-7783452`

Die Prozedur `tel` enthält nur eine Zeile:

   `grep $1 /usr/lib/telnummern`

Das grep-Kommando durchsucht die Datei `/usr/lib/telnummern` nach
der als erstes Argument (`$1`) angegebenen Zeichenkette. Damit erfüllt
`tel` bereits die angegebene Spezifikation.

5.2 Shell-Variablen

5.2.1 Format einer Shell-Variablen

Wie in jeder anderen Programmiersprache können auch in Shell Variablen benutzt werden. Sie werden nicht explizit deklariert, sondern
einfach durch Eingabe der Form

   name=value

definiert. Für *name* und *value* sind Zeichenketten, bestehend aus
Buchstaben, Ziffern und Unterstreichungen "_" zulässig. *value* darf
zusätzlich Leerzeichen enthalten, ist dann aber in Hochkommata (')
einzuschließen. Vor und hinter "=" dürfen keine Leerzeichen stehen.

Auf den Wert *value* einer Variablen kann in einer Kommandozeile
zugegriffen werden, indem man dem Variablennamen *name* das Symbol
`$` voranstellt:

```
$ F=/usr/projekt/prog.c
$ echo $F
/usr/projekt/prog.c
$ ls -l $F
-rw-r----- 1 martin    5612 Sep 17 15:57 /usr/projekt/prog.c
```

Diesen Ersetzungsmechanismus *Variablenname → Wert* werden wir in Abschn. 5.2.4 noch näher untersuchen. Deutlich wird hier jedoch schon, daß es sich bei Shell-Variablen um String-Variablen handelt, die offensichtlich in Kommandoprozeduren und als Abkürzung bei der Eingabe von Kommandos geeignet sind.

5.2.2 Gültigkeitsbereich von Shell-Variablen

Wir haben festgestellt, daß Kommandoprozeduren in der gleichen Weise wie ausführbare Programme aufgerufen werden. Folglich können in einer Kommandoprozedur weitere Kommandoprozeduren benutzt werden, auch der rekursive Aufruf einer Prozedur ist zulässig. Mit jeder Rekursion wird ein neuer Prozeß erzeugt.

Damit stellt sich die Frage nach dem Gültigkeitsbereich von Shell-Variablen, den wir mit Hilfe zweier Prozeduren f1 und f2 untersuchen. In f1 wird der Variablen a die Zeichenkette a_in_f1 zugewiesen und a ausgegeben. Es folgt der Aufruf von f2 und die erneute Ausgabe von a:

```
: Prozedur f1
a=a_in_f1
echo f1 vor Aufruf von f2:  a = $a
f2                          Aufruf f2
echo f1 nach Aufruf von f2: a = $a
```

f2 gibt den Inhalt von a aus, verändert ihn und gibt ihn erneut aus.

```
: Prozedur f2
echo f2 vor Zuweisung an a:  a = $a
a=a_in_f2
echo f2 nach Zuweisung an a: a = $a
```

An der folgenden Ausführung der beiden Prozeduren f1 und f2 erkennen wir, daß eine Shell-Variable nur in der Prozedur gültig ist, in der sie definiert ist.

```
$ f1
  f1 vor Aufruf von f2: a = a_in_f1
  f2 vor Zuweisung an a: a =
  f2 nach Zuweisung an a: a = a_in_f2
  f1 nach Aufruf von f2: a = a_in_f1
$
```

Mit dem **export**-Kommando kann der Gültigkeitsbereich einer Variablen auf tieferliegende Prozeduren erweitert werden. Man beachte aber, daß sich die Zuweisung an **a** in **f2** nicht auf die rufende Prozedur **f1** auswirkt:

```
$ export a
$ f1
  f1 vor Aufruf von f2: a = a_in_f1
  f2 vor Zuweisung an a: a = a_in_f1
  f2 nach Zuweisung an a: a = a_in_f2
  f1 nach Aufruf von f2: a = a_in_f1
$
```

5.2.3 Reservierte Variablen

Einige Variablennamen haben unter UNIX eine festgelegte Bedeutung, sie heißen "reservierte Variablen". Als Beispiele für reservierte Variablen haben wir bereits die Variablen **0**, **1**, **2** bis **9**, **#** und ***** für den Zugriff auf die Argumente einer Kommandoprozedur kennengelernt. Im Zusammenhang mit Kommandoprozeduren sind zwei weitere reservierte Variablen von Interesse:

? Die Variable "**?**" enthält den Exit-Status des jeweils zuletzt ausgeführten Kommandos. Bei den meisten Kommandos wird als Exit-Status die Ziffer **0** in **?** abgelegt, falls das Kommando fehlerfrei ausgeführt werden konnte. Im anderen Fall enthält **?** die Ziffer **1**:

```
    $ ls
      argproc     f1       f2
    $ echo $?
      0
    $ ls -fehler
      usage: ls [-1ACFRabcdfgilmnqrstux] [files]
    $ echo $?
      1
```

$** In **$ steht die Prozeßnummer des gerade ablaufenden Prozesses. Da fast jedes Kommando als eigener Prozeß ausgeführt wird, kann die in **$** enthaltene Prozeßnummer zum Beispiel zur eindeutigen Benennung von Hilfsdateien benutzt werden. Dieses Verfahren wird zum Beispiel im Kommando

```
sort liste > tmp$$
```

benutzt, daß die sortierte Liste in eine Datei mit Namen *tmpn* ablegt (mit `0<`n`<30.000`)。

5.2.4 Zugriff auf den Inhalt einer Variablen

Wir haben bereits mehrfach mit dem **$**-Zeichen auf den Inhalt von Variablen zugegriffen. Enthält **X** eine Zeichenkette *string* und steht **$X** in einer Kommandozeile, dann wird zunächst **$X** durch die Zeichenkette *string* ersetzt und erst dann die Kommandozeile weiter ausgeführt.

Um Variablennamen und nachfolgenden Text in einer Kommandozeile voneinander zu trennen, steht zwischen beiden mindestens ein Leerzeichen, das auch nach der Ersetzung erhalten bleibt. Soll kein Leerzeichen erscheinen, ist der Variablenname in geschweiften Klammern anzugeben und der Text direkt hinter die schließende Klammer "}" zu schreiben:

```
$ geraet=computer
$ echo $geraet peripherie
computer  peripherie
$ echo ${geraet}peripherie
computerperipherie
$
```

5.2.5 Zuweisung an Variablen

Wir haben bereits mehrfach Zuweisungen

name=string

benutzt und auch schon darauf hingewiesen, daß die rechte Seite, *string*, in Hochkommata (') einzuschließen ist, falls *string* Leerzeichen enthält. Daneben kennt Shell noch Anführungszeichen (") und das accent grave (`) (engl.: grave accent).

Innerhalb einer in Hochkommata eingeschlossenen Zeichenkette wird das Zeichen **$** nicht interpretiert, es erfolgt keine Ersetzung einer Variable durch ihren Inhalt. Bei Anführungszeichen wird dagegen *$name* durch den Inhalt von *name* ersetzt. Der Backslash (****) hebt die Sonderbedeutung des nachfolgenden Zeichens auf und wird benutzt, um **$**, **"** und **'** im Textstring einzusetzen. Metazeichen, wie zum Beispiel **?**, werden weder im ersten noch im zweiten Fall ausgewertet.

Die unterschiedliche Bedeutung von Hochkomma und Anführungszeichen wird an folgendem Beispiel deutlich:

```
$ A='inhalt von A'          String in Hochkommata
$ X='was steht in $A'
$ echo $X
  Was steht in $A
$ X="was steht in $A"       String in Anführungszeichen
$ echo $X
  Was steht in inhalt von A
$ X="was steht in \$A ? $A"
$ echo $X
  Was steht in $A ? inhalt von A
```

Eine in grave accents eingeschlossene Zeichenkette `string` wird als Kommando interpretiert. Das Kommando wird ausgeführt und `string` durch die Zeichenkette ersetzt, die das Kommando auf stdout ausgibt. Im folgenden Beispiel wird damit die Ausgabe des Kommandos **ls** der Variablen X zugewiesen. Die Ausgabe von **pwd** wird in **echo** benutzt.

```
$ X=`ls`
$ echo $X
  argproc   f1      f2
$ echo Ihr Working-Directory ist `pwd`
  Ihr Working-Directory ist /usr/martin/kurs
$
```

5.2.6 Variablen einlesen

Das Kommando

read *name1 name2 ...*

liest eine Zeile von stdin und weist in der Reihenfolge der Eingabe die einzelnen Wörter den Variablen *name1*, *name2* ... zu. Enthält die

Eingabezeile mehr Variablen als beim **read**-Kommando angegeben sind,
werden die restlichen Wörter in der letzten Variablen abgelegt. Stehen
in der Prozedur **readproc** die Kommandos

```
echo bitte eingeben !
read wort1 wort2 wort3
echo $wort1 $wort2 $wort3
echo $wort3
```

dann sieht man bei der Ausführung von **readproc** die Wirkung von read:

```
$ readproc
  bitte eingeben !
das sind vier Wörter        (Eingabe für read)
  das sind vier Wörter      (Ausgabe des ersten echo)
    vier Wörter             (Ausgabe des zweiten echo)
$
```

Das Kommando **read** liefert den Exit-Status 1, wenn das Dateiende
erreicht ist, ansonsten ist er 0.[1]

In einigen UNIX-Versionen gibt es das **read**-Kommando nicht. Dort wird
mit

```
line
```

eine Zeile von stdin nach stdout geschrieben. Mit

$name=\`line\`$

kann die Eingabezeile der Variablen *name* zugewiesen werden. Wie
read liefert auch **name** den Exit-Status 1, wenn das Dateiende erreicht
ist, sonst ist der Exit-Status 0.

5.3 Kontrollstrukturen

Mit Kontrollstrukturen wird die Ausführungsreihenfolge von Kommandos, d.h. der Ablauf einer Kommandoprozedur, festgelegt. Die Kontrollstrukturen sind ähnlich zu denen in höheren Programmiersprachen und
können beliebig geschachtelt werden.

Das funktionelle Äquivalent zu zusammengesetzten Anweisungen in
Programmiersprachen ist in Shell die *command list*. Eine command list
ist eine Folge von n≥0 Kommandos, die für n≥2 durch Semikolon oder
Zeilenvorschub (RETURN) voneinander getrennt werden. Die
Kommandos werden nacheinander ausgeführt.

---

[1] siehe auch Abschn. 5.3.5

5.3.1 Die for-Schleife

Syntax

```
for name [in wordlist]
do command list
done
```

Semantik

Im Gegensatz zur for-Schleife in vielen Programmiersprachen erfolgt hier keine numerische Verarbeitung einer Laufvariablen und damit auch kein Inkrementieren. Wie in Abbildung 5.2 dargestellt, werden die einzelnen Wörter in *wordlist* abgearbeitet. Die Wörter sind jeweils durch mindestens ein Leerzeichen voneinander getrennt und werden nacheinander der Variablen *name* zugewiesen. Nach jeder Zuweisung wird *command list* ausgeführt.

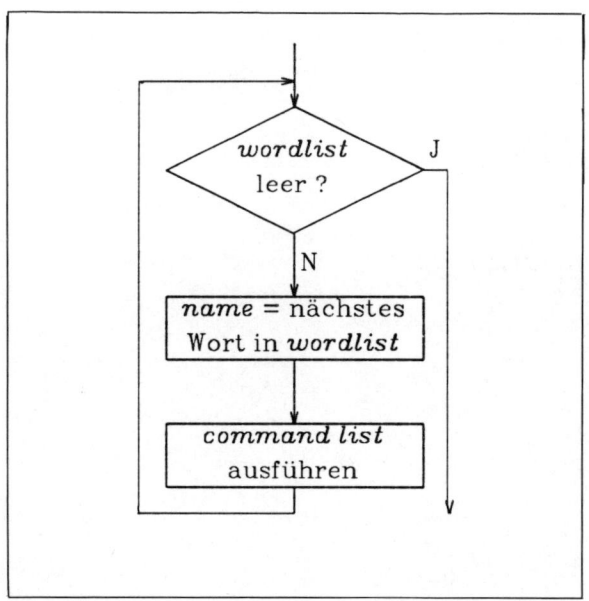

Abb. 5.2: Die for-Schleife

Die folgende `for`-Anweisung gibt die drei Zeichenketten `alpha`, `beta` und `gamma` am Bildschirm aus:

```
for A in alpha beta gamma
do echo $A
done
```

word list kann Metazeichen enthalten. Wir benutzen diese Eigenschaft in einer `for`-Anweisung, um an jeden Dateinamen im Working-Directory die Endung 1 zu hängen:

```
for datei in *
do
    mv $datei ${datei}1
    echo $datei umbenannt in ${datei}1
done
```

In Kommandoprozeduren wird `for` in der Regel dazu benutzt, die beim Aufruf angegebenen Argumente nacheinander abzuarbeiten. Bei dieser Anwendung ist *wordlist* die Argumentliste, also die reservierte Variable `$*`. Die Angabe `in $*` ist der Standardfall und kann wie im nächsten Beispiel weggelassen werden.

Bei diesem Beispiel erweitern wir die Prozedur `tel` aus Abschn. 5.1.4 derart, daß mehrere Argumente angegeben werden können:

```
tel name1 name2 ...
```

gibt die Telefonnummern von *name1*, *name2* ... aus. Die Prozedur `tel` hat als Inhalt:

```
for name
do grep $name /usr/lib/telnummern
done
```

5.3.2 Die case-Anweisung

Syntax

```
case word in
    pattern1)    command list 1 ;;
    pattern2)    command list 2 ;;
    ...
esac
```

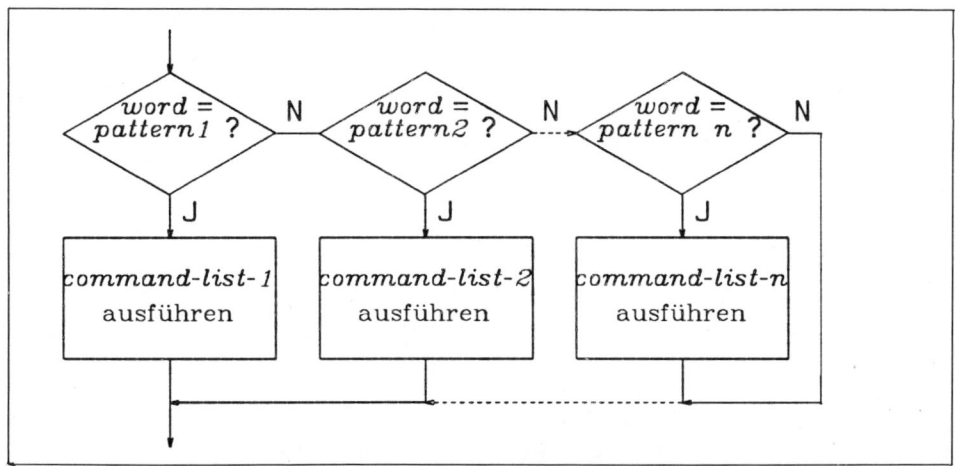

Abb. 5.3: Die case-Anweisung

Semantik

Die **case**-Anweisung dient wie in strukturierten Programmiersprachen zur Fallunterscheidung. *word* und *pattern* sind Zeichenketten. Als *word* wird sinnvollerweise der Inhalt einer Variablen benutzt, d.h. *word* hat die Form $variable. Die Zeichenkette *pattern* kann Sonderzeichen enthalten und beschreibt dann ähnlich wie ein regulärer Ausdruck eine Menge von Zeichenketten:

$x*y$ `x<beliebige Zeichenfolge>y`

$x?y$ `x<ein Zeichen>y`

$x[\beta]y$ β sei eine Zeichenfolge $a_1 a_2 ... a_n$. $x[\beta]y$ steht für alle Zeichen, die mit x anfangen, mit y aufhören und dazwischen genau ein Zeichen a_i aus β enthalten. Für β sind abkürzende Schreibweisen möglich, z.B. `a-z, A-Z, 0-9`.

$x|y$ Zeichenkette x oder Zeichenkette y

`\*`   Der Backslash (\) hebt die Wirkung eines nachfolgenden Sonderzeichens auf. `\*` steht somit für *.

Die Zeichenkette *word* wird nacheinander mit den Mustern *pattern1*, *pattern2* ... verglichen. Sobald eine Übereinstimmung mit einem Muster gefunden ist, d.h. *word* in der mit dem Muster beschriebenen Menge liegt, wird die zugeordnete *command list* ausgeführt und damit die **case**-Anweisung beendet. Die mit den Mustern beschriebenen Mengen müssen nicht disjunkt sein, d.h. *word* darf mit mehreren

Mustern übereinstimmen. Zur Ausführung kommt das erste Muster in der **case-Anweisung**, die *word* enthält.

Man beachte bei dem folgenden Beispiel, daß durch Angabe von ***** als letztes Muster eine *default-Anweisung* realisiert wird. Sie wird ausgeführt, wenn keine der vorhergehenden Muster auf den Inhalt von **A** zutreffen:

```
case $A in
      alpha)    echo  A enthaelt die Zeichenkette alpha;;
       beta)    echo  A enthaelt die Zeichenkette beta;;
          *)    echo  A enthaelt weder alpha noch beta;;
esac
```

Jede auf *pattern* folgende *command list* ist mit zwei Semikolons abzuschließen. Die beiden Semikolons vor **esac** sind optional.

Beispiel

case kann benutzt werden, um die Bedeutung verschiedener Argumente zu unterscheiden. Die folgende Prozedur akzeptiert Argumente, die mit Kleinbuchstaben beginnen, sowie die Flags **-a**, **-l** und **-s**. Auf die mit dem Erkennen der Argumente verbundenen Weiterverarbeitung haben wir hier verzichtet und sie durch ein einfaches **echo**-Kommando ersetzt.

```
for Argument
do
    case $Argument in
            -[als])    echo Flag erkannt: $Argument;;
               -*)     echo fehlerhaftes Flag: $Argument;;
         [a-z]*)       echo Argument erkannt: $Argument;;
               *)      echo fehlerhaftes Argument: $Argument;;
    esac
done
```

5.3.3 Boolesche Bedingungen

Bei den nachfolgend behandelten Anweisungen **if** und **while** werden Kommandolisten in Abhängigkeit von Booleschen Bedingungen ausgeführt. Als Boolesche Bedingung dient der Exit-Status eines Kommandos: Exit-Status=0 wird als *true* interpretiert, Exit-Status≠0 als *false*.

Speziell für die Anwendung als Boolesche Bedingung gibt es in UNIX einige Kommandos, die keine Ausgabe liefern, sondern nur einen Exit-Status erzeugen. Das Kommando **true** liefert den Exit-Status 0 und hat sonst keine Wirkung, **false** liefert den Exit-Status 1. Am häufigsten wird das Kommando **test** benutzt:

Name: **test** - Prüfen von Bedingungen

Aufruf: **test** *condition*

Funktion: **test** wertet die Bedingung *condition* aus und liefert den Exit-Status 0 (true), falls die Bedingung zutrifft. Im anderen Fall wird ein Exit-Status ungleich 0 (false) zurückgegeben. Gültige Angaben für *condition* sind:

-r *file*	Datei *file* existiert und ist lesbar.
-w *file*	Datei *file* existiert und darf beschrieben werden.
-f *file*	Datei *file* existiert und ist kein Directory.
-d *file*	Datei *file* existiert und ist ein Directory.
-s *file*	Datei *file* existiert und ist nicht leer.

-t   [*filedes*] Die Datei mit file descriptor *filedes* (default 1 für stdin) ist dem Terminal zugeordnet. Damit kann in einer Prozedur zum Beispiel abgefragt werden, ob die Eingabe stdin von einem Terminal kommt oder auf eine Datei umgelenkt ist.

-z *s1*	String *s1* hat die Länge 0.
-n *s1*	Die Länge von String *s1* ist größer 0.
s1=*s2*	Die Strings *s1* und *s2* sind gleich.

n1 -*relop* *n2*   *relop* ist ein Vergleichsoperator **eq, ne, gt, ge, lt, le.** Die strings *n1* und *n2* werden als Zahlen interpretiert und auf Gleichheit, Ungleichheit, größer als, größer gleich, kleiner als und kleiner gleich verglichen.

Neben den **test**-Kommando werden noch andere Kommandos als Boolesche Bedingung benutzt. Eine Übersicht gibt Abb. 5.4.

Kommando	Funktion	Exit-Status true, wenn	siehe Kapitel
cc *file*	C-Compiler	kein Syntaxfehler	6.1
cd *Directory*	Ändern des Working-Directory	Working-Directory geändert	2.4
cmp *file1 file2*	Dateivergleich	Inhalt von *file1* = Inhalt von *file2*	4.6
diff *file1 file2*	Dateivergleich	Inhalt von *file1* = Inhalt von *file2*	4.6
f77 *file*	Fortran 77	kein Syntaxfehler	6.3
mkdir *Directory*	Erzeugen eines neuen Directories	neues Directory erzeugt	2.6
pc *file*	Pascal	kein Syntaxfehler	6.2
sort -c *file*	Überprüfung der Sortierung	*datei* war sortiert	4.2

Abb. 5.4: Kommandos als Boolesche Bedingungen

5.3.4 if-Anweisung

Syntax

```
if command-list-1
    then command-list-2
    [else command-list-3]
fi
```

Semantik

Die if-Anweisung erlaubt die bedingte Verzweigung. *command-list-1* wird ausgeführt; wenn das letzte Kommando von *command-list-1* den Exit Status 0 (true) liefert, wird anschließend *command-list-2* ausgeführt, sonst *command-list-3*. Der else-Teil ist optional, nicht jedoch das abschließende fi.

command-list-1 besteht in den meisten Fällen nur aus einem Kommando, dem oben vorgestelltem test-Kommando:

```
if test -f berta
  then echo berta ist eine datei
  else echo berta ist keine datei
fi
```

Abhängig davon, ob die Zeichenkette berta der Name einer Datei ist, wird entweder der then- oder der else-Teil ausgeführt.

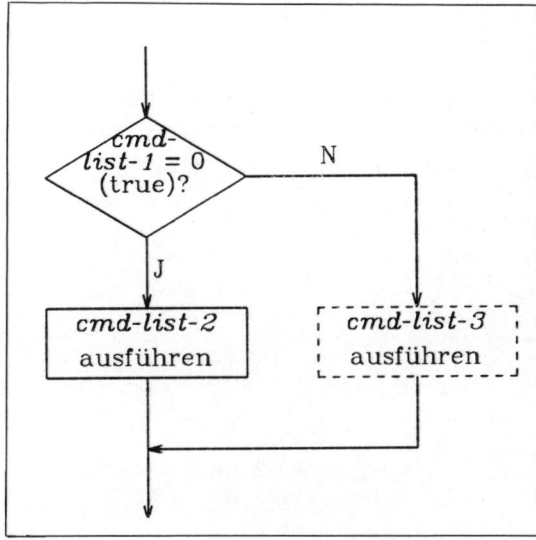

Abb. 5.5: Die if-Anweisung

Beispiel

Die unten angegebene Prozedur pn (für pathnames) erwartet als Argument den Namen eines Directory. Es listet die Pfadnamen aller Dateien (ordinary files) auf, die vom angegebenen Directory aus erreichbar sind. Der Aufruf

```
pn /
```

liefert somit die Pfadnamen aller ordinary files im Dateisystem.

```
cd $1
for datei in *
do
    if test -f $datei
        then  echo `pwd`/$datei
        else  /usr/martin/pn $datei
    fi
done
```

Das als Argument **$1** angegebene Directory wird für den
ausführenden Prozeß mit **cd** zum Working-Directory. In der **for-**
Schleife werden die Dateien (Directories und ordinary files) des
Working-Directory nacheinander abgearbeitet. Bei einer ordinary file
wird im **then**-Teil der **if**-Anweisung der Pfadname ausgegeben: Name
des Working-Directory, gefolgt von einem Schrägstrich und dem
Dateinamen. Der **else**-Teil wird bei einem Directory ausgeführt und
bewirkt den rekursiven Aufruf von **pn** mit dem Namen des Directory als
Argument. Mit jeder Rekursion wird ein neuer Sohnprozeß erzeugt.

Der Name der Prozedur **pn** ist als vollständiger Pfadname
/usr/martin/pn angegeben, damit der rekursive Aufruf von jedem
Directory aus funktioniert. Sonst können Probleme auftreten, wenn das
untersuchte Directory zufälligerweise auch eine Datei mit Namen **pn**
enthält.

5.3.5 while- und until-Schleife

Syntax

```
while command-list-1        until command-list-1
do    command-list-2        do    command-list-2
done                        done
```

Semantik

command-list-1 wird ausgeführt. Wenn bei **while** das letzte Kommando
in *command-list-1* den Exit-Status 0 (true) liefert, wird anschließend
command-list-2 ausgeführt. Der Ausführungszyklus wiederholt sich, bis
das letzte Kommando in *command-list-1* einen Exit-Status ≠0 (false)
erzeugt und damit die **while**-Anweisung **beendet.**

until unterscheidet sich von **while** nur in der Abbruchbedingung:
die Schleife endet, wenn das letzte Kommando in *command-list-1* den
Exit-Status 1 (false) liefert.

Sowohl

```
while true
do echo Hallo
done
```

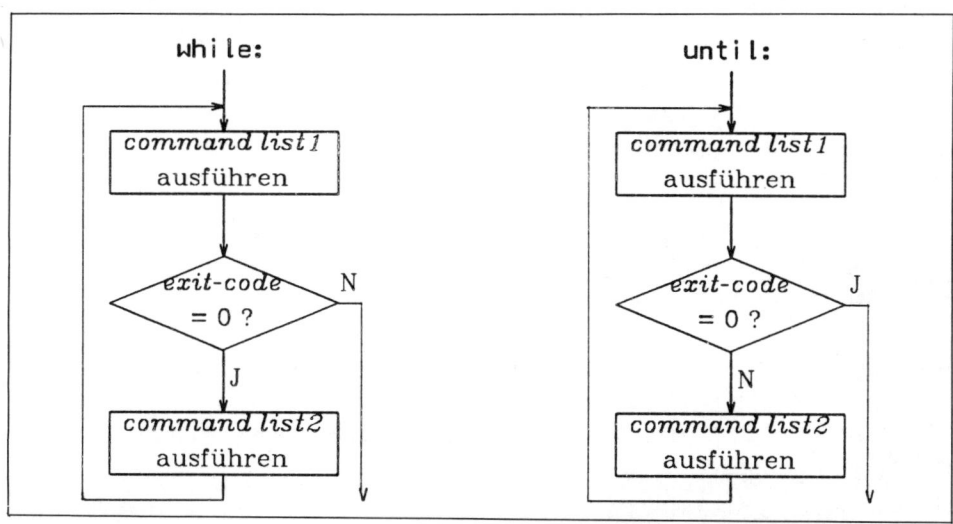

Abb. 5.6: Die while- *und die dazu komplementäre* until-*Schleife*

als auch

```
until false
do echo Hallo
done
```

schreiben daher "unendlich oft" **Hallo** auf den Bildschirm. Durch Drücken der BREAK-Taste am Terminal kann die Endlos-Schleife abgebrochen werden. (s. auch Abschn. 2.1)

Die while-Anweisung wird oft in Verbindung mit **read** (s. 5.2.6) zum Einlesen von Daten bis zum Dateiende benutzt. Die folgende Prozedur liest zeilenweise von stdin bis *END OF FILE* erreicht ist und schreibt die Zeilen nach stdout:

```
while read eingabe
do echo $eingabe
done
```

Da als *command-list-1* in der while-Anweisung auch mehrere Kommandos angegeben werden können, verbindet man die read-Anweisung am besten gleich mit einer Eingabeaufforderung:

```
while echo Bitte Eingabe
      read Eingabe
do
    Eingabe bearbeiten
done
```

Ein weiteres Beispiel

Wir nehmen an, an der Terminalleitung mit Namen `tty24` ist, statt
einem Terminal, ein Matrixdrucker angeschlossen. In der UNIX-
Terminologie heißt das: die Gerätedatei `/dev/tty24` ist ein Drucker.
Ein Benutzer kann mit

  `pr` *datei* `>/dev/tty24`

einen Ausdruck erzeugen: der `pr`-Filter liest *datei* und gibt sie mit
Kopfzeile und Seitennummern versehen auf stdout aus. stdout ist auf
die Datei `/dev/tty24` und damit auf den Drucker umgelenkt.

Das Verfahren funktioniert, solange nicht mehrere Benutzer
gleichzeitig ausdrucken wollen. Dadurch würde auf dem Drucker eine
Mischung der auszugebenden Dateien entstehen.

Eine einfache Lösung zeigt die Kommandoprozedur `wpr` (wait and
print) in Abbildung 5.7. Der Aufruf

  `wpr` *datei1 datei2* ... `&`

druckt die angegebenen Dateien aus. Mit `&` wird die Ausführung in den
Hintergrund gestellt, damit das Terminal nicht bis zum Ende des Ausdrucks blockiert ist.

Zu Beginn des Ausdrucks erzeugt `wpr` eine Datei `/spool/mprlocked`
und löscht sie nach erfolgtem Ausdruck. Die Existenz von
`/spool/mprlocked` bedeutet, daß der Drucker besetzt ist, und verhindert, daß gleichzeitig mehrere `wpr`-Prozesse ausdrucken: Vor dem
Zugriff auf den Drucker wartet `wpr` in einer `while`-Schleife, bis
`/spool/mprlocked` gelöscht ist. Das Kommando `sleep 10` läßt Shell bei
jedem Schleifendurchlauf 10 Sekunden warten.

Da Testen und Erzeugen von `/spool/mprlocked` nicht als unteilbare
Operation abläuft, kann es auch mit `wpr` zu Vermischungen beim Ausdrucken von Dateien kommen. Die Wahrscheinlichkeit dafür ist aber
gering.

```
: Warten solange Drucker besetzt,
: d.h. /spool/mprlocked existiert
while test -f /spool/mprlocked
do
    sleep 10
done


: Datei /spool/mprlocked erzeugen
>/spool/mprlocked


: Ausdrucken aller als Argumente angegebenen Dateien
pr $* >/dev/tty24


: Datei /spool/mprlocked loeschen
rm /spool/mprlocked
```

Abb.5.7: Kommandoprozedur wpr *für synchronisierten Zugriff auf einen Drucker.*

5.4 Fortgeschrittene Anwendungen

5.4.1 Daten und Kommandos

Kommandos einer Kommandoprozedur benutzen als stdin und stdout das Terminal, es sei denn, die Ein-/Ausgabe wurde mit < und > umgelenkt. Ohne Umlenkung hält eine Prozedur zum Beispiel bei der Kommandozeile

    sort

an und wartet, bis **sort** über die Terminaltastatur mit Daten versorgt und die Eingabe mit ^D oder ^Z beendet wird.

    Kommandos können ihre Daten auch direkt aus der Prozedur lesen: Zeilen zwischen <<! und ! werden als stdin interpretiert. So gibt

```
sort <<!
Zeile 1
Zeile 2
noch eine Zeile
letzte Zeile
!
```

die Zeilen zwischen <<! und ! in sortierter Reihenfolge aus. Das

Zeichen ! ist frei wählbar: die Eingabe endet mit einer Zeile, die ausschließlich das Zeichen enthält, das hinter << steht.

Wir benutzen das Verfahren, um bei unserer Prozedur **tel** auf die zusätzliche Datei **/usr/lib/telnummern** verzichten zu können. Die Telefonnummern geben wir direkt in **tel** an:

```
for name
do
grep $name <<!
mueller 069-7783452
schulz 089-445168
   ...
!
done
```

Die Form der Eingabe-Umlenkung mit << kann auch benutzt werden, um den Inhalt einer Variablen in einem Filter zu bearbeiten. Die folgende Prozedur zeigt eine entsprechende Anwendung. Sie liest bei jedem Schleifendurchlauf eine Eingabezeile von stdin und weist sie der Variablen **eingabe** zu. Der Inhalt der Variable dient als Eingabe (stdin) des Filters **wc** (wordcount). Als Ergebnis liefert die Prozedur für jede Zeile die Anzahl der Buchstaben in der Zeile.

```
while read eingabe
do
    wc -c <<!
$eingabe
!
done
```

5.4.2 Arithmetik

Shell-Variablen sind grundsätzlich vom Typ *string*, d.h. Zeichenketten. Es gibt keine *Integer*- oder gar *Floating-Point*-Variablen. Dies zeigt, daß Kommandoprozeduren nicht für arithmetische Operationen gedacht sind, sondern für die Verarbeitung von Zeichenketten.

Um im begrenzten Umfang in einer Prozedur wenigstens Integer-Arithmetik betreiben zu können, gibt es das **expr**-Kommando

Name: **expr** - Auswerten von Argumeten als arithmetische
               Ausdrücke

Aufruf: **expr** *expr*

Funktion: Der arithmetische oder logische Ausdruck *expr* wird berechnet und das Ergebnis auf stdout ausgegeben. *expr* besteht im einfachsten Fall aus einer Integerzahl oder *$variable*. Zusammengesetzte Ausdrücke können gemäß der folgenden Liste gebildet werden, in der die Operatoren nach steigender Priorität geordnet sind:

expr1|expr2 liefert den Wert des ersten Ausdrucks *expr1*, falls *expr1*≠0, sonst den Wert von *expr2*.

expr1&expr2 liefert den Wert des ersten Ausdrucks *expr1*, wenn weder *expr1* noch *expr2* den Wert 0 ergeben. Ansonsten wird 0 zurückgegeben.

expr relop expr *relop* ist ein Vergleichsoperator (<, <=, =, !=, >=, >). Für true (Vergleich trifft zu) wird eine 1 ausgegeben, für false eine 0. Zusätzlich wird der Exit-Status auf true bzw. false gesetzt.

expr op expr *op* ist ein arithmetischer Operator (+, −, *, /, %). Die beiden *expr* werden addiert, subtrahiert, multipliziert bzw. dividiert. Der Operator % steht für modulo.

(*expr*) Klammern können wie üblich benutzt werden, um die Ausführungsreihenfolge der Operatoren zu beeinflussen.

Der nachfolgende Dialog zeigt einige Beispiele. Die Elemente des Ausdrucks *expr* sind Argumente des **expr**-Kommandos und müssen daher durch Leerzeichen voneinander getrennt werden. Damit Shell-Sonderzeichen wie "*", "(" und ")" nicht interpretiert und etwa * durch alle Dateinamen des Working-Directory ersetzt, ist diesen Zeichen ein Backslash (\) voranzustellen.

```
$ expr 1 + 2
  3
$ expr \( 1 + 2 \) \* 3
  9
$ A=`expr 1 + 3`
$ echo $A
  4
$ A=`expr $A + 1`
$ echo $A
  5
$
```

Die Beispiele zeigen, daß **expr** sicher nicht als bequemer
Tischrechner zu gebrauchen ist. Dafür gibt es unter UNIX andere Programme, etwa **dc.** Für Kommandoprozeduren ist **expr** aber nützlich,
um zum Beispiel Schleifendurchläufe mitzuzählen. Die folgende Prozedur gibt die Zahlen 1 bis 19 aus:

```
i=1
while (test $i -lt 20)
do
    echo $i
    i=`expr $i + 1`
done
```

5.4.3 Signale

Signale dienen zur Interprozeßkommunikation. Empfängt ein Prozeß
ein Signal, wird er im Normalfall beendet.[2] Das im Prozeß ablaufende
Programm kann aber auch Signale abfangen: es gibt gegenüber dem
Betriebssystem an, welcher Programmtext beim Eintreffen des Signals
ausgeführt werden soll.

Auch in Kommandoprozeduren ist die Verarbeitung von Signalen
möglich. Mit dem Kommando

   trap 'command-list' n

wird vereinbart, daß beim Eintreffen des Signals mit Nummer n die

---

[2] Beim quit-Signal (s. Abb. 5.8), wird zusätzlich das sog. "core image" des abgebrochenen Prozesses, das ist der Inhalt seiner Ablaufumgebung (s. Kap. 7), in eine Datei "core" geschrieben.

command-list auszuführen ist. Danach wird die Ausführung der Kommandoprozedur hinter der Stelle fortgesetzt, an der sie beim Eintreffen des Signals unterbrochen wurde. Für n können mehrere Signalnummern angegeben werden, getrennt durch Leerzeichen. *command-list* kann leer sein und bewirkt dann, daß das Signal n ignoriert wird.

Als Beispiel benutzen wir die Endlosschleife aus Abschn. 5.3.5. Das trap-Kommando am Anfang der Prozedur legt fest, daß beim Betätigen der BREAK-Taste am Terminal (Interrupt-Signal) die Meldung **Interrupt empfangen** ausgegeben und das Programm beendet wird. Das exit-Kommando ist erforderlich, da sonst nach der Unterbrechung die Schleife fortgesetzt werden würde.

```
trap 'echo Interrupt empfangen; exit' 2
while true
do
    echo Hallo
done
```

Beachten Sie, daß trap am Anfang der Prozedur stehen muß, damit Shell die mit trap getroffene Vereinbarung liest, bevor der Rest der Prozedur durchgeführt wird.

trap kann für "Aufräumungsarbeiten" benutzt werden. Um sicherzustellen, daß beim regulären oder erzwungenem Ende einer Prozedur P die Hilfsdatei hilf$$ gelöscht wird, enthält P die Anweisung

```
trap 'rm hilf$$; exit' 0 1 2 3 15
```

0	exit	Die Kommandoprozedur beendet sich
1	hangup	Die Verbindung zum Terminal ist unterbrochen
2	interrupt	Der Benutzer hat die break-Taste gedrückt
3	quit	Der Benutzer hat am Terminal ^\ getippt.
15	soft kill	Signal erzeugt durch kill-Kommando

Abb. 5.8: Signale für Kommandoprozeduren

6 Problemorientierte Programmiersprachen

UNIX ist von seiner Geschichte her ein Programmentwicklungssystem und enthält eine Reihe von Sprachübersetzern und Software-Entwicklungswerkzeugen. Wir zeigen in diesem Kapitel anhand praktischer Beispiele, wie Programme unter UNIX eingegeben, übersetzt bzw. interpretiert und schließlich gebunden und ausgeführt werden. Dabei betrachten wir im einzelnen die Sprachen C, Pascal und FORTRAN.

Als gemeinsames Beispiel ist in allen drei Sprachen ein Programm zur Berechnung der Quadratwurzel angegeben. Es arbeitet iterativ nach dem Verfahren des Babylonischen Wurzelziehens. Dabei wird die i+1-te Näherung der Quadratwurzel aus y nach der Formel berechnet:

$$x_{i+1} = \frac{1}{2} (x_i + \frac{y}{x_i})$$

Für die erste Näherung x_0 benutzen wir

$$x_0 = \frac{y}{2}$$

Wir brechen das Verfahren ab, wenn vier gültige Nachkommastellen erreicht sind, d.h.

$$| x_{i+1} - x_i | \leq 0.0001$$

Bevor wir uns den einzelnen Programmiersprachen zuwenden, geben wir noch einige allgemeine Hinweise:

- Enthält eine Datei ein Quellprogramm, muß die Endung im Dateinamen auf die benutzte Sprache hinweisen, z.B.

    `wurzel.p`

    für Pascal-Programme. Insgesamt sind folgende Konventionen vorgeschrieben:

    - `.c` C-Programme
    - `.e` Extented-FORTRAN Language-Programme
    - `.f` FORTRAN-77-Programme
    - `.p` Pascal-Programme
    - `.r` Rational-FORTRAN-Programme
    - `.s` Assembler-Programme
    - `.o` Dateien mit Objektcode

Programme in Rational FORTRAN (`.r`) und Extended FORTRAN (`.e`) werden wir in Abschn. 6.3 kennenlernen. Objektcode-Dateien (`.o`) enthalten fertig übersetzte, aber noch nicht gebundene Programme.

Für übersetzte und gebundene und somit ausführbare Programme
gibt es keine Namenskonventionen.

- Die Namen **src** (source) und **bin** (binary) haben sich als Directory-
  Namen für Quell- und Binärprogramme eingebürgert. Nach
  abgeschlossener Programmentwicklung trägt z.B. der Benutzer
  moritz die Quelltextdatei **wurzel.p** in das Directory
  /usr/moritz/src und das übersetzte und ausführbare Programm in
  /usr/moritz/bin ein:

  > *Quellprogramm:*   **/usr/moritz/src/wurzel.p**
  > *Binärprogramm:*   **/usr/moritz/bin/wurzel**

  Ist in der Datei **.profile** von **moritz** sein Suchpfad **PATH** als

  > **PATH=:/usr/moritz/bin:$PATH**

  spezifiziert, kann er das Programm von jedem Directory aus mit

  > **wurzel**

  aufrufen, ohne den Pfadnamen angeben zu müssen.

- Die hier behandelten Compiler und Interpreter erlauben es,
  include-Anweisungen im Programmtext zu benutzen. Mit einer
  Anweisung der Form

  > **#include** *file*

  wird der Inhalt der Datei *file* an die Stelle der **include**-Anweisung
  in den Programmtext eingefügt. Die eingefügte Datei bezeichnet
  man als *include file*.

- Beim Editor **vi** können Optionen eingestellt werden, die die Pro-
  grammeingabe und -korrektur erleichtern. Nach Eingabe von

  > **:set all**

  im **vi**-Kommandomodus zeigt der Editor alle verfügbaren Optionen.
  Mit

  > **:set number**

  werden die Zeilen der betrachteten Datei auf dem Bildschirm mit
  vorangestellten Zeilennummern dargestellt.

- Um Syntaxfehler im Programm schneller und einfacher behandeln
  zu können, gibt es in Berkeley-UNIX das Kommando **error**. Mit der
  Pipe

  > *compileraufruf* **|& error -v**

  werden die Fehlermeldungen des Compilers an **error** übergeben.
  Die mit **|&** aufgebaute Pipe lenkt die Compiler-Ausgabe von *stderr*,
  der Standard-Datei für die Ausgabe von Fehlermeldungen, nach

stdin von **error**. **error** schreibt die Fehlermeldungen als Kommentare in die beim Compileraufruf angegebene Quelltextdatei, und zwar jeweils hinter die fehlerhafte Programmzeile. Das Flag **-v** bewirkt den anschließenden Aufruf des Editors **vi**. Der Benutzer sieht am Bildschirm seine Quelltextdatei mit den eingefügten Fehlermeldungen und kann die fehlerhaften Programmzeilen gleich verbessern. Jede Fehlermeldung ist eine Kommentarzeile in der jeweils benutzten Programmiersprache und enthält am Anfang und Ende die Zeichenfolgen **###** bzw. **%%%**. Damit können Fehlermeldungen im **vi** einfach gesucht und mit einem abschließenden **grep**-Kommando

> **grep -v '###.*%%%'** *quelle > quelle.neu*

entfernt werden.

- Ein Laufzeitfehler im Programm, zum Beispiel der Zugriff auf nicht zugewiesene Speicherbereiche, führt zum Programmabbruch mit der Meldung

> **core dumped**

Im Working-Directory wird eine Datei **core** erzeugt, die den Speicherabzug des abgebrochenen Prozesses enthält. Mit Werkzeugen zur Fehlererkennung (Debugger), wie **adb**, **sdb** oder **dbx**, kann **core** analysiert werden, um die Fehlerursache zu finden. Die Debugger behandeln wir in Kap. 7.

- Mit der Break-Taste am Terminal oder durch Eingabe von **^C** kann ein laufendes Programm, zum Beispiel bei einer Endlosschleife, abgebrochen werden. Falls das nicht hilft, muß der Prozeß von einem anderen Terminal aus abgebrochen werden. Das Kommando

> **ps -a**

liefert dafür unter anderem die Prozeßnummer des abzubrechenden Prozesses, der dann mit

> **kill** *Prozeßnummer*

beendet wird.

6.1 Programmieren in C

Für diese Sprache ist noch kein Standard festgelegt. Als sogenannter
"Quasi-Standard" von C gilt die Sprachbeschreibung im Buch von Kernighan [Kern78], das mittlerweile auch in deutsch erhältlich ist
[Kern83]. Eine leichtverständliche Einführung geben [Hanc82] und
[Wait84]. In deutscher Sprache werden u.a. [Stan84] und [Purd83]
angeboten. Daneben findet man in vielen UNIX-Büchern, z.B. [Gulb85]
und [Bour83]/[Bour85], mehr oder weniger ausführliche Beschreibun-
gen der C-Sprache.

Im UNIX-Benutzerhandbuch des UNIX-Anbieters findet man je nach
Version einige der folgenden Kommandos zum Bearbeiten von C-
Programmen:

cc	C-Compiler
scc	C-Compiler für Standalone-Programme
cpp	C-Präprozessor
cxref	Querverweisliste (cross reference) erzeugen
cflow	Schachtelung externer Referenzen anzeigen
cb	C-Quellprogrammtext formatieren
lint	C-Programm auf typische Fehler untersuchen
xstr	"shared strings" aus C-Programmen extrahieren

In Verbindung mit der Sprache C findet auch "C++" zunehmende
Verbreitung. C++ ist eine Erweiterung von C und bietet eine Reihe
zusätzlicher Merkmale. Dazu gehören zum Beispiel verbesserte
Typprüfung und die Unterstützung abstrakter Datentypen. Der Sprachumfang ist in [Stro85] beschrieben.

6.1.1 Programmtext eingeben und aufbereiten

Der zu übersetzende C-Programmtext kann in Form von Unterprogrammen auf mehrere Dateien verteilt werden. C erlaubt die getrennte
Übersetzung einzelner Programm-Moduln; daneben gibt es in C einen
Include-Mechanismus, um Inhalte anderer Dateien in den Programmtext
zu übernehmen.

Der C-Compiler unterscheidet zwischen Groß- und Kleinschreibung.
Die Schlüsselwörter der Sprache sind klein zu schreiben. Ansonsten ist
die Sprache vollkommen formatfrei und erlaubt auch das Einfügen von
Leerzeilen in das Quellprogramm, um die Übersichtlichkeit zu erhöhen.

Die Zeilenlänge ist praktisch nicht begrenzt. Zwischen Bezeichnern (Schlüsselwörtern, Variablen) dürfen beliebig viele Leerzeichen und Kommentare stehen.

Auf das übliche Einrücken von Anweisungen zum Verdeutlichen der Programmstruktur kann beim Editieren von C-Programmen verzichtet werden. Diese und einige andere Formatierungsaufgaben übernimmt der 'C Beautifier' (C-Formatierer) **cb** in Abbildung 6.1. Das Kommando

```
$ cb <dirty.c >clean.c
$
```

liest das C-Programm in **dirty.c**, fügt Leerzeichen und Tabulatorstops ein und schreibt das formatierte Programm nach **clean.c**. Da Shell durch die Umlenkung mit ">" vor Ausführung von **cb** eine leere Datei **clean.c** erzeugt, dürfen **dirty.c** und **clean.c** nicht dieselbe Datei sein. Mit

```
$ cb -l80 <dirty.c >clean.c
$
```

wird zusätzlich die Zeilenlänge durch Umbruch auf 80 Zeichen begrenzt, was etwa beim Betrachten am Bildschirm die Lesbarkeit verbessert. In einigen UNIX-Versionen wird das Flag **-l** im **cb**-Kommando jedoch ignoriert.

Der C-Compiler erzeugt kein Programm-Listing. Hierfür gibt es, abhängig von der jeweiligen UNIX-Version, mehrere Kommandos, deren Funktion in Abbildung 6.2 schematisch dargestellt ist.

6.1.2 Vom Quellprogramm zur Programm-Ausführung

Nehmen wir an, die Datei **wurzel.c** enthält eines der beiden in Abbildung 6.1 dargestellten Programme. Mit

```
$ cc wurzel.c
$
```

wird das Programm übersetzt und gebunden.[1] Das ausführbare Programm wird von **cc** in eine Datei mit Namen **a.out** geschrieben und durch Aufruf dieser Datei ausgeführt:

---

[1] Bei UNIX-Rechnern ohne Fließkomma-Arithmetik muß der cc-Aufruf für ein Programm, das wie wurzel Fließkommaoperationen enthält, in der Form "cc -f wurzel.c" erfolgen. Das Flag -f bewirkt, daß Routinen für Fließkomma-Arithmetik aus einer Bibliothek zum Programm gebunden werden.

```
                    main()
                    {
                    float x1, x2, y;
                    scanf ("%f", &y);
                    x1 = y / 2;
                    x2 = y;
                    while (! (abs(x1-x2) < 0.0001))
                    {
                    x2 = x1;
                    x1 = (x1 + y / x1) / 2;
                    }
                    printf ("Wurzel ist %f0, x1);
                    }
```

```
                              cb
```

```
        main()
        {
                float x1, x2, y;
                scanf ("%f", &y);
                x1 = y / 2;
                x2 = y;
                while (! (abs(x1-x2) < 0.0001))
                {
                        x2 = x1;
                        x1 = (x1 + y / x1) / 2;
                }
                printf ("Wurzel ist %f0, x1);
        }
```

Abb. 6.1: Der Filter cb *(C-Beautifier) sorgt bei einem C-Programm für das Einrücken der Anweisungen entsprechend der Programmstruktur.*

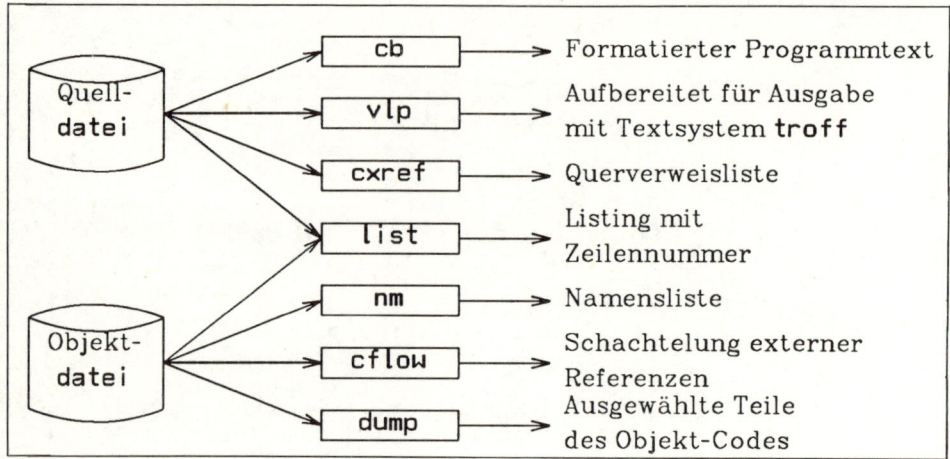

Abb. 6.2: Kommandos für die Ausgabe von Programm-Listings für C-Programme.

```
$ a.out
121
Wurzel ist 11.000000
$
```

Bevor beim nächsten cc-Kommando a.out wieder überschrieben wird, kann der Name der Datei mit

```
$ mv a.out wurzel
$
```

in wurzel umgewandelt werden. Es läßt sich auch bereits beim cc-Kommando ein anderer Name als a.out vereinbaren: das ausführbare Programm wird in die hinter dem Flag -o angegebene Datei geschrieben.

```
$ cc wurzel.c -o wurzel
$ wurzel
121
Wurzel ist 11.000000
$
```

Weitere Flags dienen zum vorzeitigen Beenden des in Abbildung 6.3 dargestellten Ablaufs des cc-Kommandos. So wird z.B. mit

```
$ cc -S wurzel.c
$
```

kein ausführbares Programm erzeugt; an der genannten Abbildung sieht man, daß statt dessen der Assembler-Text in eine Datei wurzel.s geschrieben wird.

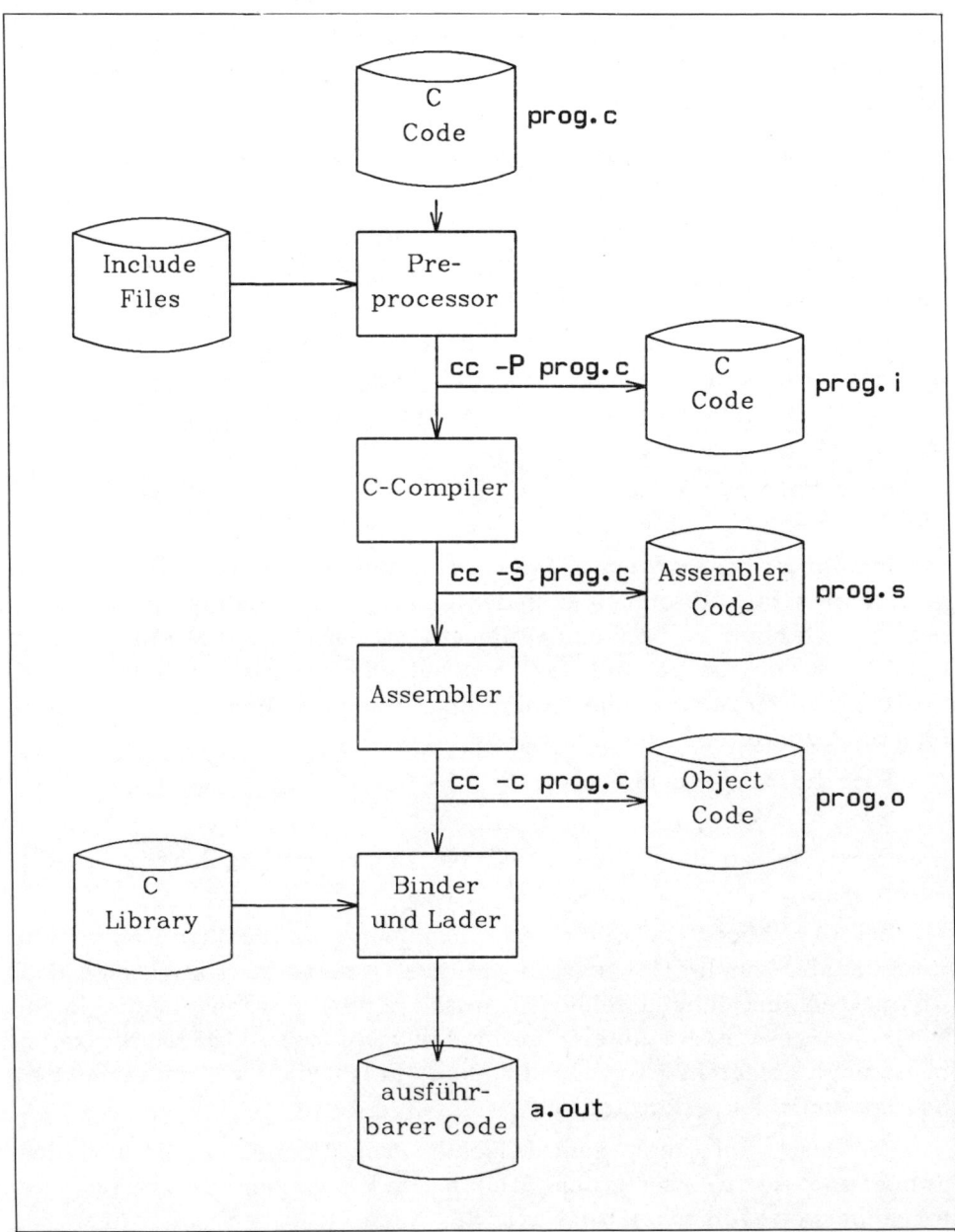

Abb. 6.3: Ablauf des Kommandos cc prog.c *zum Übersetzen und Binden des C-Programms* prog.c. *Durch Flags beim Kommandoaufruf kann der Ablauf mit einer Zwischendatei unterbrochen werden.*

man, daß statt dessen der Assembler-Text in eine Datei wurzel.s geschrieben wird.

Mit

```
$ cc wurzel.s -o wurzel
$
```

wird aus wurzel.s schließlich das ausführbare Programm wurzel. An der Dateiendung .s erkennt cc, daß wurzel.s ein Assembler-Programm enthält.

Erkannt werden auch Dateien mit der Endung .o, die in Verbindung mit getrennt übersetzten Programm-Moduln von Bedeutung sind. Im folgenden Beispiel enthält die Datei hp.c ein C-Hauptprogramm, in up1.c und up2.c stehen Unterprogramme. Mit

```
$ cc hp.c up1.c up2.c
$
```

werden alle drei Programme übersetzt und zu einem ausführbaren Programm in a.out zusammengebunden. Da in diesem Fall mehrere Quelldateinamen beim cc-Kommando angegeben wurden, bleiben die *Objektdateien* hp.o, up1.o und up2.o erhalten. Wird jetzt allein up1.c modifiziert, brauchen die anderen Programm-Moduln nicht neu übersetzt zu werden. Das Kommando

```
$ cc hp.o up1.c up2.o
$
```

übersetzt up1.c und bindet es mit hp.o und up2.o zu a.out zusammen.

Bei den bisher betrachteten Beispielen gab das cc-Kommando weder Fehler- noch Erfolgsmeldungen aus. Damit hat es angezeigt, daß Übersetzen und Binden fehlerfrei durchgeführt wurden. In der Regel wird man gerade am Anfang auf Fehlermeldungen stoßen, die dann meist noch Folgefehler nach sich ziehen. In [Purd83] werden einige der häufigsten Fehler diskutiert.

Hinweise auf nicht-syntaktische Programmfehler liefert das Kommando lint. Es werden Stellen im Programmtext gezeigt, die möglicherweise fehlerhaft sind oder die Portabilität beeinträchtigen.

Bei dem folgenden Programm unsinn.c meldet cc keine Fehler. Die Analyse des Quellprogramms durch lint weist dagegen darauf hin, daß die Variablen y und z unbenutzt sind. Besonders wichtig ist der Hinweis, daß der Typ des formalen Parameters von f in Programmzeile 7 nicht mit dem Typ des aktuellen Parameters in Zeile 5 übereinstimmt.

```
$ cat unsinn.c
main()                Zeile 1
{                     Zeile 2
   int x,y;           Zeile 3
   x=1;               Zeile 4
   f(x);              Zeile 5
}                     Zeile 6
f(z)                  Zeile 7
long z;               Zeile 8
{}                    Zeile 9
$ cc unsinn.c
$ lint unsinn.c
unsinn.c(3): warning: y unused in function main
unsinn.c(8): warning: argument z unused in function f
f, arg. 1 used inconsistently unsinn.c(7)  ::  unsinn.c(5)
$
```

6.2 Programmieren in Pascal

Ist in einem UNIX-System die Sprache Pascal verfügbar, handelt es sich meist um den an der University of Berkeley entwickelten Pascal-Compiler pc und -Interpreter pi. Beide Programme gelten als sehr stabil und führen eine gute Syntaxfehlerbehandlung durch. Sie bearbeiten den im Pascal-Report [Jen75] beschriebenen Sprachumfang mit einigen Erweiterungen, die durch ein Flag im pc oder pi-Kommando abgeschaltet werden können. Zu den wichtigsten Erweiterungen gehört die getrennte Übersetzbarkeit von Pascal-Moduln.

Eine vollständige Beschreibung von Berkeley-Pascal gibt [Joy80]. Ausschließlich mit Pascal unter UNIX beschäftigt sich auch [Hume85].

Betriebssystemunabhängige Einführungen in das Programmieren mit Pascal sind die beiden Bücher von Wirth [Wi75] und [Wi76]. Dort wird Pascal als Grundlage benutzt, systematische Programmierung und Datenstrukturen zu behandeln.

Im UNIX-Benutzerhandbuch findet man je nach Version einige der folgenden Kommandos zum Bearbeiten von Pascal-Programmen:

pc	Pascal-Compiler
pi	Pascal-Programme in Interpreter-Code übersetzen
px	Interpreter-Code ausführen
pix	pi plus px
pmerge	Pascal-Programme in einer Datei zusammenfassen
pxp	Quelltext formatieren, Programmausführung protokollieren
pxref	Querverweisliste erzeugen
pdx	Pascal-Debugger, Analyse von Laufzeitfehlern

6.2.1 Programmtext eingeben und aufbereiten

Wir haben bereits gesagt, daß der Pascal-Compiler getrennte Übersetzung einzelner Programm-Moduln ermöglicht. Der zu übersetzende Programmtext kann daher in Form von Unterprogrammen auf mehrere Dateien verteilt werden, um große Programme in leichter verwaltbare Einheiten zu zerlegen. Zusätzlich gibt es, wie bei C-Programmen, einen Include-Mechanismus, mit dem der Inhalt anderer Dateien in den Programmtext eingefügt werden kann. Für das Zusammenfassen mehrerer Pascal-Quelltextdateien zu einem Pascal-Programm enthält Berkeley-UNIX (Version 4.2) noch das Kommando pmerge.

Im Quelltext müssen Schlüsselwörter und Standardfunktionen, wie auch im Pascal-Report [Jen75] angegeben, klein geschrieben werden. Bei benutzerdefinierten Bezeichnern wird dagegen nicht zwischen Klein- und Großschreibung unterschieden. Um die Übersichtlichkeit zu verbessern, dürfen Leerzeilen in den Programmtext eingefügt werden; sie erzeugen im Listing eine Leerzeile ohne Zeilennummer. Die Angabe ^L im Quellprogramm führt zum Seitenvorschub.

Auf das übliche Einrücken zum Verdeutlichen der Programmstruktur kann beim Editieren von Pascal-Programmen verzichtet werden. Mit dem Kommando

```
$ pxp dirty.p >clean.p
$
```

wird das Programm in dirty.p wie in Abb. 6.4 formatiert und nach clean.p geschrieben. Auch hier dürfen wegen der Umlenkung dirty.p und clean.p nicht die gleiche Datei sein.

```
{ Babylonisches Wurzelziehen (1) }
program Wurzel(input,output);
var x1,x2,y:real;      {x1, x2 Iterationsvariablen (4)}
begin {Progammanfang (3)}
read(input,y);    {Zahl einlesen (4)}
x1:=y/2;    {erste Näherung (4)}
x2:=y;
while not(abs(x1-x2)<0.001) do
begin
{Iterationsschleife (2)}
x2:=x1;
x1:=(x1+y/x1)/2;
end;
write(output,x1);
end.
```

```
pxp
```

```
{ Babylonisches Wurzelziehen (1) }

program Wurzel(input, output);
var
    x1, x2, y: real;        {x1, x2 Iterationsvariablen (4)}
begin {Progammanfang (3)}
    read(input, y);        {Zahl einlesen (4)}
    x1 := y / 2;           {erste Näherung (4)}
    x2 := y;
    while not (abs(x1 - x2) < 0.001) do begin
            {Iterationsschleife (2)}
        x2 := x1;
        x1 := (x1 + y / x1) / 2
    end;
    write(output, x1)
end.
```

Abb. 6.4: Der Filter pxp *sorgt bei einem Pascal-Programm für das Einrücken der Anweisungen entsprechend der Programmstruktur. Zusätzlich werden Leerzeilen eingefügt und Kommentare formatiert.*

Zur Verbesserung der Lesbarkeit dient auch die in Abb. 6.4 erkennbare Formatierung von Kommentaren durch das **pxp**-Kommando. Dabei gelten die folgenden Regeln (die Kommentare in der Abbildung sind entsprechend der angewandten Regeln mit Nummern versehen).

(1) Linksbündige Kommentarzeilen bleiben unverändert.

(2) Eingerückte Kommentarzeilen werden entsprechend der Verschachtelungstiefe eingerückt.

(3) Ein Kommentar hinter einer Anweisung bleibt unverändert, wenn zwischen Anweisung und Kommentar nicht mehr als zwei Leerzeichen stehen.

(4) Kommentare, die mehr als zwei Leerzeichen von einer Anweisung entfernt stehen, werden derart eingerückt, daß sie nach Möglichkeit in der gleichen Spalte beginnen.

Die Ausgabe des Programmtextes läßt sich schließlich mit

```
pxp -_ dirty.p
```

weiter verbessern. In der Ausgabe auf stdout sind dann zusätzlich alle Pascal-Schlüsselwörter unterstrichen.

Der Programmtext kann auch vom Pascal-Compiler und -Interpreter als Listing mit Zeilennummern ausgegeben werden. Im Gegensatz zum **cc**-Kommando akzeptieren die im nächsten Abschnitt vorgestellten Kommandos das Flag **−l** und schreiben damit während der Bearbeitung des Programmtextes ein Programm-Listing nach stdout.

6.2.2 Vom Quellprogramm zur Programm-Ausführung

Wir stellen hier drei Möglichkeiten vor, Pascal-Programme zur Ausführung zu bringen:

Am einfachsten geht es mit dem zunächst betrachteten Kommando **pix**, das den Pascal-Quelltext in einen interpretierbaren Code übersetzt und ihn dann gleich ausführt. Der Code wird nicht aufgehoben. Das Verfahren ist am Anfang einer Programmentwicklung sehr bequem, wenn praktisch nach jedem Programmlauf Änderungen im Quelltext vorgenommen werden.

Will man das Programm mehrfach aufrufen, etwa um verschiedene Programmpfade auszutesten, braucht es nicht bei jedem Aufruf neu übersetzt zu werden: das in Anschluß an **pix** an zweiter Stelle behandelte Kommando **pi** erzeugt den interpretierbaren Code, der dann mit **px** beliebig oft ausgeführt werden kann.

```
        program loop(output);
        const max=100;
        var   i:integer;
        begin
            for i :=1 to max do ;
            writeln ('loop ist fertig')
        end.
```

Anzahl ausgeführte Anweisungen (max)	Maschinencode (pc loop.p; time a.out)	Interpreter-Code (pi loop.p; time px)
100	0.3 s	0.5 s
1 000	0.3 s	0.8 s
10 000	0.4 s	2.3 s
100 000	1.3 s	17.3 s
400 000	3.9 s	72.9 s

Abb. 6.5: Vergleich der Laufzeiten zwischen einem interpretierten und einem compilierten Pascal-Programm.

Das Erzeugen des interpretierbaren Codes benötigt deutlich weniger Zeit als die Erzeugung des Maschinencodes durch den an dritter Stelle behandelten Pascal-Compiler pc. Dafür dauert die Ausführung des Codes, d.h. die Berechnung des Programms, viel länger (s. Abb. 6.5).

Das Kommando pix

Das Kommando pix übersetzt ein Pascal-Programm in interpretierbaren Code und führt diesen Code dann aus. Ohne Parameter aufgerufen, erklärt das Kommando sich selbst.

Zur Erläuterung von pix benutzen wir wieder ein Programm zum Wurzelziehen, diesmal aber mit einem Fehler in Zeile 5:

```
program wurzel(input, output);
var x1, x2, y: real;
begin
    readln (y);
    x1 := y / 2           (Fehlerhafte Zeile)
```

```
        x2 := y;
        while not (abs(x1 - x2) < 0.0001) do
        begin
        x2 := x1;
        x1 := (x1 + y / x1) / 2
        end;
        writeln ('Wurzel ist', x1:9:4);
    end.
```

Das dargestellte Quellprogramm steht in der Datei **wurzel.p** und wird mit **pix** interpretiert:

```
$ pix wurzel.p
Fri Nov  2 18:08 1984  wurzel.p:
     6      x2 := y;
e ----------^--- Inserted ';'
Execution begins...
121
Wurzel ist  11.0000
Execution terminated.
23 statements executed in 0.30 seconds cpu time.
$
```

Auf das fehlende Semikolon in Zeile 5 weist **pix** mit einer Fehlermeldung hin. Bis zu der mit ^ markierten Position in der ausgebenen 6. Zeile konnte das Programm fehlerfrei bearbeitet werden. Der Buchstabe 'e' am Anfang der Markierungszeile gibt an, daß es sich um einen behebbaren Syntaxfehler handelt: durch Einfügen eines ';' vor der markierten Position hat **pix** die weitere Ausführung ermöglicht. Mit 'w' bezeichnete Meldungen sind Warnungen, die auf mögliche Fehler hinweisen, aber den weiteren Ablauf nicht abbrechen. Nur bei mit 'E' bezeichneten 'schweren Fehlern' würde **wurzel.p** nicht ausgeführt.

Nach der Meldung **Execution begins...** führt **pix** das Programm **wurzel** aus. Die Eingabe **121** liefert das Ergebnis **11**. Aus der Angabe

23 statements executed

folgt, daß die aus drei Anweisungen bestehende **while**-Schleife insgesamt sechs Mal ausgeführt wurde.

Die Kommandos pi und px

Mit dem Kommando **pi** wird nur die erste Phase des **pix**-Kommandos,
das Erzeugen des interpretierbaren Codes, ausgeführt.

```
$ pi wurzel.p
Fri Nov  2 18:22 1984  wurzel.p:
     6     x2 := y;
e ----------^--- Inserted ';'
$
```

Der Code wird immer in eine Datei mit Namen **obj** im Working-
Directory geschrieben und durch jedes der drei folgenden Kommandos
ausgeführt.

```
px obj
px
obj
```

Das Kommando **px** (*Pascal Executor*) führt den Code in der als Parameter angegebenen Datei aus. Ohne Argumente aufgerufen, nimmt **px**
an, daß der auszuführende Code in einer Datei mit Namen **obj** steht.
Bei der dritten Form des Aufrufs wird **px** implizit durch Shell aufgerufen. So wird etwa nach der Umbenennung mit dem Kommando

```
$ mv obj wurzel
```

durch den Aufruf

```
$ wurzel
```

das Wurzel-Programm ausgeführt, unabhängig davon, ob die Datei ein
übersetztes und gebundes Programm, eine Kommandoprozedur oder,
wie in unserem Fall, einen von **pi** erzeugten, zu interpretierenden Code
enthält. Allerdings können bei dieser Form des Aufrufs dem Pascal-
Executor keine Flags mehr mitgegeben werden.

Das Kommando pc

Wir benutzen wieder das bei **pix** angegebene Programm in der Datei
wurzel.p und übersetzen es diesmal in Maschinencode. Dafür dient der
Pascal-Compiler **pc** aus Abbildung 6.6.

```
$ pc wurzel.p
Mon Dec 10 21:00 1984  wurzel.p:
    6      x2 := y;
e ----------^--- Inserted ';'
```

Syntaxfehler werden wie in **pix** bzw. **pi** behandelt: das fehlende ";" wurde ergänzt.

pc schreibt das ausführbare Programm in eine Datei **a.out**, das durch Aufruf dieser Datei ausgeführt werden kann:

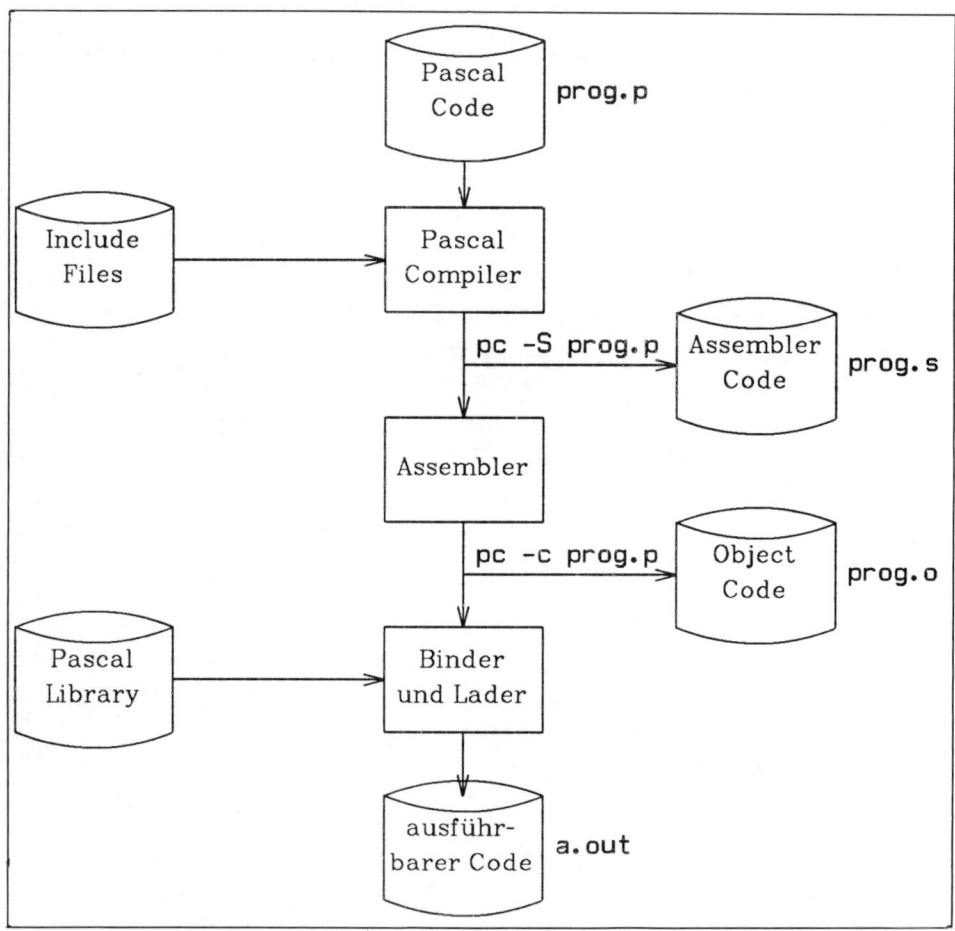

Abb. 6.6: Ablauf des Kommandos **pc prog.p** *zum Übersetzen und Binden des Pascal-Programms* **prog.p**. *Durch Flags beim Kommandoaufruf kann der Ablauf mit einer Zwischendatei unterbrochen werden.*

```
$ a.out
121
Wurzel ist  11.0000
```

Bevor beim nächsten pc-Kommando a.out wieder überschrieben wird, kann der Name der Datei mit

```
$ mv a.out wurzel
```

in wurzel umgewandelt werden. Es läßt sich aber auch bereits beim pc-Kommando ein anderer Name als a.out vereinbaren: das ausführbare Programm wird in die hinter dem Flag -o angegebene Datei geschrieben.

```
$ pc wurzel.p -o wurzel
Mon Dec 10 21:04 1984  wurzel.p:
      6      x2 := y;
e ----------^--- Inserted ';'
$ wurzel
121
Wurzel ist  11.0000
```

Als letztes Flag geben wir -C an. Beim Übersetzen mit

```
pc -C prog.p -o prog
```

wird in prog Code eingefügt, um Laufzeitprüfungen durchzuführen. Dazu gehört etwa die Kontrolle, ob vereinbarte Feldgrenzen beim Ablauf des Programms eingehalten werden. In pix und px werden Laufzeitprüfungen standardmäßig durchgeführt.

6.3 Programmieren in FORTRAN

Unter UNIX ist der FORTRAN-Compiler f77 für FORTRAN 77 von Bell Labs verbreitet. FORTRAN 77 ist der offizielle ANSI-Standard für FORTRAN vom 3.April 1978 und enthält einige Abweichungen gegenüber dem alten Standard FORTRAN 66. Im neuen Standard gibt es z.B. keine Hollerith-Anweisungen mehr, sondern den Datentyp character-string mit geeigneten Operatoren (concatenation, substring, assignment). Erweiterungen bei der Dateibehandlung erleichtern in FORTRAN 77 Ein- und Ausgabe-Operationen.

Die FORTRAN-77-Implementierung von Bell geht über den Standard hinaus. Zu den wesentlichen Erweiterungen gehört die Möglichkeit, Unterprogramme rekursiv aufzurufen, und die Einführung der beiden

Typbezeichner **static** und **automatic**. Mit **static** vereinbarte Variablen behalten ihren Wert beim Rücksprung aus dem Unterprogramm, in dem sie deklariert sind; beim nächsten Aufruf des Unterprogramms kann auf den Wert wieder zugegriffen werden. Dagegen wird der Speicherplatz von **automatic**-Variablen beim Rücksprung freigegeben. Die beiden Typbezeichner unterstützen die Programmierung abstrakter Datentypen nach dem 'Information-Hiding'-Konzept [Parn72], [Kimm79].

Aus Kompatibilitätsgründen erlaubt der Compiler **f77** weiterhin Hollerith-Anweisungen. Mit einem Flag im **f77**-Kommando kann auf FORTRAN 66 umgeschaltet werden. Das Abschalten der von Bell zusätzlich eingebauten Erweiterungen ist dagegen nicht möglich.

Der neue Standard ist definiert in [Ansi78]. An Lehrbüchern gibt es in englischer Sprache z.B. [Hume79] und [Wag80], in deutsch [Lamp81] und [Wehn81]. Die FORTRAN-77-Implementierung von Bell ist beschrieben in [Feld78].

Zur **f77**-Implementierung gehören die folgenden Kommandos, auf die wir im folgenden näher eingehen werden:

f77	FORTRAN-Compiler
efl	Extended-FORTRAN-Language-Präprozessor
ratfor	Rational-FORTRAN-Präprozessor
struct	strukturieren von FORTRAN-Programmen[2]

6.3.1 Programmtext eingeben und aufbereiten

Der zu übersetzende FORTRAN-Programmtext kann in Form einzelner Unterprogramme auf mehrere Dateien verteilt werden. **f77** erlaubt die getrennte Übersetzung einzelner Programm-Moduln; daneben gibt es einen Include-Mechanismus, um Inhalte anderer Dateien in den Programmtext zu übernehmen.

Entgegen dem FORTRAN-Standard akzeptiert **f77** Groß- und Kleinschreibung. Vor der Übersetzung verwandelt **f77** alle Großbuchstaben in Kleinbuchstaben, ausgenommen Konstanten. Um externe Namen in Großbuchstaben belassen zu können, kann mit dem Flag **-U** beim Compiler-Aufruf die Konvertierung von Groß- in Kleinbuchstaben abgeschaltet werden. Dann müssen aber die Schlüsselwörter der

---

[2] struct ist nur in Berkeley-UNIX verfügbar.

Sprache klein geschrieben werden.

Die ersten fünf Spalten einer Programmzeile sind wie üblich für die Anweisungsnummer reserviert, Spalte 6 kann ein Fortsetzungszeichen enthalten, und in Spalte 7 bis 72 folgt die FORTRAN-Anweisung. Um die Eingabe zu vereinfachen, erlaubt f77 variable Zeilenlängen, d.h. die Programmzeile muß nicht bis zur 72. Spalte mit Leerzeichen aufgefüllt werden. Leerzeilen sind wie im Standard angegeben zulässig.

Als Fortsetzungszeichen akzeptiert f77 auch das Zeichen & in Spalte 1, der Rest der Zeile ist dann Anweisungstext. Ein Tabulatorzeichen in den ersten sechs Spalten zeigt an, daß Anweisungsnummer und Fortsetzungsspalte beendet sind.

Für die Formatierung von FORTRAN-Programmtext gibt es Präprozessoren, die weit mehr leisten, als die bei C und Pascal vorgestellten Werkzeuge. Wir behandeln hier efl, den Präprozessor für Extended FORTRAN Language, und ratfor, den Präprozessor für Rational FORTRAN Language.

Beide Präprozessoren ermöglichen es, ein FORTRAN-Programm in einer der Sprache C ähnlichen Syntax zu schreiben, zum Beispiel erlauben sie

- formatfreie Eingabe,
- Operatoren >, >= etc. statt .gt., .ge., etc.
- Abfragen mit if und else, Fallunterscheidungen mit switch,
- Schleifen ohne goto und Anweisungsnummer, sondern mit while, do, for und repeat until.

Abbildung 6.7 zeigt unser Programm zur Wurzelberechnung in Rational FORTRAN. Steht das Programm in der Datei wurzel.r, wird daraus mit

```
$ ratfor wurzel.r >wurzel.f
$
```

das ebenfalls abgebildete FORTRAN-Programm erzeugt und in die Datei wurzel.f geschrieben.

Der Präprozessor efl akzeptiert die gleiche Eingabesprache wie ratfor mit einigen Erweiterungen, zum Beispiel:

- Datenstrukturen, ähnlich struct in C oder record in Pascal,
- Blockstruktur mit Block-lokalen Variablen,
- Variablen müssen deklariert werden.

```
                    program wurzel
                    real x1,x2,y
                    x1 = y/2
                    x2 = y
                    while (abs(x1-x2)>=0.0001) {
                            x2 = x1
                            x1 = (x1+y/x1)/2
                            }
                    write(6,*)"wurzel ist",x1
                    stop
                    end
```

```
                    ratfor
```

```
    *** Programm automatisch generiert aus wurzel.r
        program wurzel
        real x1,x2,y
        x1 = y/2
        x2 = y
23000 if(.not.(abs(x1-x2).ge.0.0001))goto 23001
        x2 = x1
        x1 = (x1+y/x1)/2
        goto 23000
23001 continue
        write(6,*)"wurzel ist",x1
        stop
        end
```

Abb. 6.7: Der Filter ratfor *ermöglicht es, FORTRAN-Programme in einer verständicheren und formatfreien Syntax zu schreiben. Aus der abgebildeten Eingabe erzeugt er das FORTRAN-Programm.*

ratfor und efl sind entwickelt worden, um dem Programmierer einerseits die Vorteile von FORTRAN zu erhalten, nämlich die weite Verbreitung der Sprache, die damit und mit dem ANSI-Standard verbundene Portabilität und schließlich die umfangreichen Unterprogramm-Bibliotheken für FORTRAN-Software. Andererseits sollen die Nachteile von FORTRAN, z.B. die antiquierten Kontrollstrukturen, vermieden werden.

Das mit Präprozessoren jedoch aus FORTRAN keine moderne Programmiersprache gemacht werden kann, liegt an den Beschränkungen von FORTRAN. So können weder efl noch ratfor den Datentyp 'pointer' unterstützen. Sie können auch nicht die FORTRAN-Kontrollstrukturen vergessen machen: bei der Suche nach Laufzeitfehlern, z.B. mit Hilfe eines Debuggers, muß der Benutzer mit dem generierten FORTRAN-Code arbeiten. Bei ratfor kommt es zudem vor, daß der FORTRAN-Compiler im generierten Code Fehler meldet. Die dabei ausgegebenen Zeilennummern beziehen sich natürlich auf die Zeilen im FORTRAN-Code und nicht auf das Ratfor-Programm.

Die Sprache Rational FORTRAN ist definiert in [Kern77], Anwendungen zeigt [Kern76]. Die Definition von Extended FORTRAN Language gibt [Feld79].

Als letztes Werkzeug zum Bearbeiten von FORTRAN-Programmtext stellen wir struct vor. Das Kommando gehört zu Berkeley-UNIX und ist in den UNIX-Versionen von Bell nicht verfügbar.

Der Aufruf

```
$ struct wurzel.f >wurzel.r
$
```

übersetzt das FORTRAN-Programm in der Datei wurzel.f in ein Rational-FORTRAN-Programm und schreibt das Ergebnis nach wurzel.r. Das als Beispiel für ratfor in Abbildung 6.7 benutzte Programm wurde mit struct erzeugt, wie Abbildung 6.8 zeigt.

struct wird benutzt, um ein FORTRAN-Programm mit seiner mangelhaften Kontrollstruktur lesbarer zu gestalten und damit die Fehlersuche und Wartung zu erleichtern. Überall, wo es möglich ist, ersetzt struct FORTRAN-Anweisungen durch Kontrollstrukturen aus Rational FORTRAN, z.B. die if- und goto- Anweisung im abgebildeten FORTRAN-Programm durch eine while-Schleife. Neben kosmetischen Änderungen, z.B. das Umwandeln von .gt. in >, werden die erzeugten Programmzeilen passend eingerückt.

```
                    program wurzel
                    real x1, x2, y
                    x1 = y/2
                    x2 = y
         100        if (abs(x1-x2)-0.0001) 300, 200, 200
         200        x2 = x1
                    x1 = (x1 + y /x1) / 2
                    goto 100
         300        write (6,*) "Wurzel ist", x1
                    stop
                    end
```

```
                    struct
```

```
                    program wurzel
                    real x1,x2,y
                    x1 = y/2
                    x2 = y
                    while (abs(x1-x2)>=0.0001) {
                          x2 = x1
                          x1 = (x1+y/x1)/2
                          }
                    write(6,*)"wurzel ist",x1
                    stop
                    end
```

Abb. 6.8: Der Filter struct *erzeugt aus dem unstrukturierten FORTRAN-Programm im oberen Teil der Abbidung ein strukturiertes Programm in ratfor-Syntax.*

6.3.2 Vom Quellprogramm zur Programm-Ausführung

Die Datei **wurzel.f** enthalte das in Abbildung 6.8 dargestellte
FORTRAN-Programm. Mit

```
$ f77 wurzel.f
```

wird das Programm übersetzt und gebunden. Das ausführbare Programm wird von **f77** in eine Datei mit Namen **a.out** geschrieben und
durch Aufruf dieser Datei ausgeführt:

```
$ a.out
100
 Wurzel ist  .100000000e+02
$
```

Bevor beim nächsten **f77**-Kommando **a.out** wieder überschrieben
wird, kann der Name der Datei mit

```
$ mv a.out wurzel
```

in **wurzel** umgewandelt werden. Es läßt sich auch bereits beim **f77**-
Kommando ein anderer Name als **a.out** vereinbaren: das ausführbare
Programm wird in die hinter dem Flag **-o** angegebene Datei geschrie-
ben.

```
$ wurzel
100
 Wurzel ist  .100000000e+02
$
```

f77 ist ein Vielzweckkommando, wie Abbildung 6.9 zeigt. Es
übersetzt nicht nur FORTRAN-Programme, sondern erkennt an der
Endung im Dateinamen auch Programme in Rational FORTRAN und
Extended FORTRAN, C, Assembler und Objektcode. Die Sprachen werden
übersetzt, und das Ganze wird zu einem ausführbaren Programm
zusammengebungen. Mit Flags kann dieser Vorgang vorzeitig beendet
werden. So hat

```
$ f77 -F wurzel.r
```

lediglich die Wirkung von

```
$ ratfor wurzel.r >wurzel.of
```

Um das Übersetzen und Binden verschiedener Quelltextdateien mit
dem **f77**-Kommando zu zeigen, verändern wir das Programm in der
Datei **wurzel.f**. Wir berechnen in der Schleife den Wert von **x1** mit
einer Funktion **f** und schreiben eine Ausgabeprozedur **drucke**:

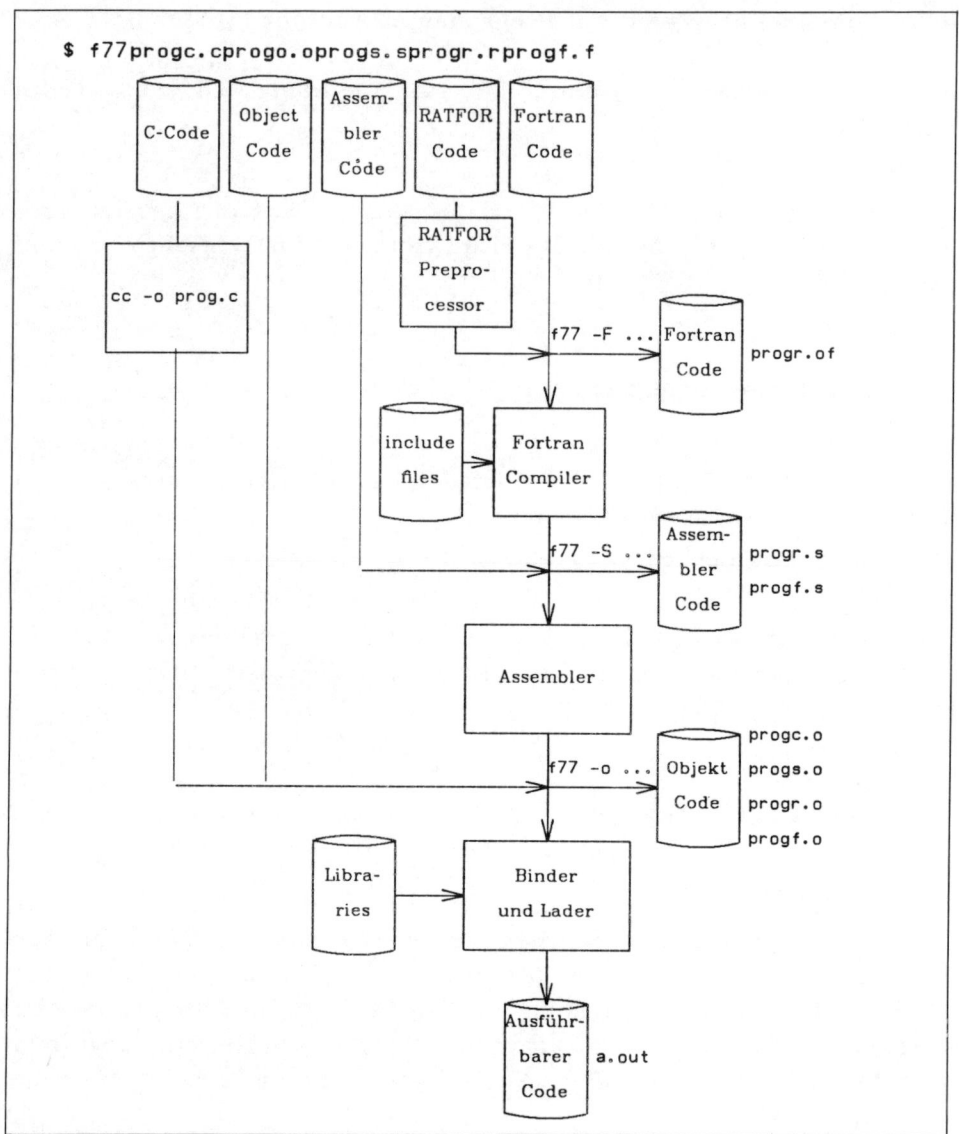

Abb. 6.9: Ablauf des Kommandos f77. *Das oben stehende Kommando übersetzt und bindet die Inhalte der angegebenen Dateien zu* a.out. *Durch Flags kann der Ablauf mit Zwischendateien unterbrochen werden.*

```
        program wurzel
        real x1, x2, y
        read (5,*) y
        x1 = y/2
        x2 = y
100     if (abs(x1-x2)-0.0001) 300, 200, 200
200     x2 = x1
        x1 = f(x1,y)
        goto 100
300     call drucke(x1)
        stop
        end
```

Die Funktion **f** geben wir als C-Unterprogramm in der Datei **f.c** an. Da der FORTRAN-Compiler das Unterstreichungssymbol '_' an alle Prozeduren anfügt, um Namenskonflikte zu vermeiden, wird nicht die Funktion **f**, sondern **f_** aufgerufen. Das C-Unterprogramm muß daher **f_** heißen. Die Parameter **x** und **y** sind, entsprechend dem 'call by reference'-Mechanismus in FORTRAN, als Zeiger deklariert:

```
float f_(a,b)
float *a, *b;
{
    float c;
    c = (*a + *b / *a) / 2;
    return (c);
}
```

Das Unterprogramm **drucke** ist eine FORTRAN-Subroutine in der Datei **drucke.f**:

```
        subroutine drucke(z)
        real z
        write (6,*) " Wurzel = ", z
        return
        end
```

Mit dem folgenden **f77**-Kommando werden die Programme übersetzt, der damit erzeugte Objektcode wird in den Dateien **wurzel.o**, **f.o** und **drucke.o** abgelegt und schließlich gebunden. Das ausführbare Programm steht danach in der Datei **wurzel**.

```
$ f77 wurzel.f f.c drucke.f -o wurzel
```

Die Dateien mit dem Objektcode können beim nächsten **f77**-Aufruf mitbenutzt werden. Wird z.B. allein **f.c** modifiziert, brauchen **drucke.f** und `wurzel.f` nicht neu übersetzt zu werden. Das Kommando

    $ f77 wurzel.o f.c drucke.o -o wurzel

übersetzt `f.c` zu `f.o` und bindet es mit `wurzel.o` und `drucke.o`
zusammen.

Als letztes Flag geben wir `-C` an. Beim Übersetzen mit

    f77 -C prog.f -o prog

wird in `prog` Code eingefügt, um Laufzeitprüfungen durchzuführen.
Dazu gehört etwa die Kontrolle, ob vereinbarte Feldgrenzen beim Ablauf
des Programms eingehalten werden.

7 Fehlersuche und Laufzeitoptimierung

Wenn ein Programm nach einigen Verbesserungen soweit fehlerfrei ist, daß der Compiler keine Fehler mehr findet, wird es bei seiner ersten Ausführung wohl kaum gleich die richtigen Ergebnisse liefern. Vielleicht erscheinen auch gar keine Ergebnisse, sondern das Programm wird vom Betriebssystem mit der Meldung

   core dumped

abgebrochen.

   In diesem Fall ist im Working-Directory eine Datei **core** erzeugt worden, die den Speicherabzug des abgebrochenen Programms enthält. Um die Fehlerursache zu finden, kann **core** analysiert werden. Die Werkzeuge dafür heißen *Debugger* und werden in diesem Kapitel vorgestellt.

   Die Debugger können selbstverständlich nicht nur erst nach einem "Programmabsturz" eingesetzt werden, sondern das übersetzte und gebundene Programm kann von Anfang an unter der Kontrolle eines Debuggers laufen. Am Terminal kann dabei die Ausführung des Programms beobachtet und auch in die Ausführung eingegriffen eingegriffen werden, etwa durch

   Haltepunkte:
   Haltepunkte sind Stellen im Programm, an denen die Programmausführung anhält, bis der Benutzer die Fortsetzung veranlaßt. Der Benutzer kann Haltepunkte setzen und löschen.

   Single-Step:
   Anweisungen im Programm werden Schritt für Schritt ausgeführt. Nach jeder Programm-Anweisung hält das Programm an.

   Backtrace:
   Ein Backtrace liefert die Namen der zuletzt aufgerufenen Unterprogramme in Form einer Aufrufhierarchie.

   Variablen-Zugriff:
   Werte von Variablen können angezeigt und geändert werden.

   Diese Merkmale eines Debuggers stellen nur einen Ausschnitt aller verfügbaren Funktionen dar. Wir wollen in diesem Kapitel auch keine vollständige Beschreibung liefern, sondern anhand von Beispielen die häufigsten Anwendungen der verschiedenen Debugger zeigen. Die hier als "leichte Kost" vorgestellten Debugger sind:

adb Der Debugger **adb** (absolute debugger) ist in praktisch allen UNIX-
   Systemen verfügbar und gilt als universelle Testhilfe, die nicht auf

spezielle Programmiersprachen beschränkt ist. Man begibt sich mit **adb** auf die Ebene der Assemblerbefehle und -adressen, wenn auch Variablen des untersuchten Programms symbolisch über ihre Namen ansprechbar sind.

sdb Bequemer und ohne Expertenwissen zu handhaben, dafür aber auf Programme in FORTRAN, C und Pascal beschränkt, ist der Debugger **sdb** (symbolic debugger). Der mit **f77**, **pc** oder **cc** erzeugte Objektcode enthält durch Angabe eines Flags beim Compiler-Aufruf Zusatzinformationen, die ein Arbeiten mit **sdb** weitgehend auf der Ebene des Quellprogramms ermöglichen. Eingeführt wurde **sdb** mit der Berkeley-UNIX-Version 4.1 und später in System V von AT&T übernommen.

dbx In der Berkeley-UNIX-Version 4.2 ist **sdb** nicht mehr enthalten. Der Nachfolger heißt **dbx** und ist mit seiner Kommandosprache noch stärker als **sdb** an der Quellprogramm-Ebene orientiert. Zur Zeit kann **dbx** nur mit **f77** und **cc** übersetzte Programme bearbeiten. Es ist aber zu erwarten, daß auch der Pascal-Compiler **pc** in Zukunft geeigneten Objektcode mit Zusatzinformationen für die Bearbeitung mit **dbx** erzeugen kann.

pdx Die Berkeley-UNIX-Version 4.2 enthält für Pascal-Programme den Debugger **pdx**. **pdx** arbeitet mit dem vom Pascal-Interpreter **pi** gelieferten Interpreter-Code. Die Kommandosprache von **pdx** ist weitgehend mit der von **dbx** identisch und wird hier nicht gesondert behandelt.

Als gemeinsames Anwendungsbeispiel benutzen wir wieder das C-Programm in der Datei **wurzel.c**, diesmal aber mit einer offensichtlich unzulässigen Division durch Null in Zeile 10 (s. Abbildung 7.1).

Wenn das Programm schließlich fehlerfrei läuft, aber zuviel Rechenzeit verbraucht, folgt nach der Fehlersuche die Optimierung des Programms (tuning). Mit der Vorstellung einiger Werkzeuge hierfür schließen wir das Kapitel ab.

```
main()
{
        float x1, x2, y, y0=0;
        scanf ("%f", &y);
        x1 = y / 2;
        x2 = y;
        while (! (abs(x1-x2) < 0.0001))
        {
                x2 = x1;
                x1 = (x1 + y / x1) / y0;     /* Nulldivision */
        }
        printf ("Wurzel ist %f0, x1);
}
```

Abb. 7.1: Inhalt der Datei wurzel.c. *Das abgebildete Programm dient als Anwendungsbeispiel für die hier vorgestellten Debugger.*

7.1 Der Debugger adb

Als erstes betrachten wir den Debugger **adb**. Wie oben erwähnt, ist **adb** nicht auf spezielle Programmiersprachen beschränkt und in praktisch allen UNIX-Versionen verfügbar. Die auf Assembler-Ebene ausgerichtete Benutzerschnittstelle von **adb** sorgt einerseits für universelle Anwendbarkeit, macht aber seinen Anwendung kompliziert.

7.1.1 Speicherabzug analysieren

adb wird aufgerufen mit

> **adb** *objfile corefile*

objfile ist eine Datei mit einem ausführbaren Programm, die Datei *corefile* enthält den beim Abbruch von *objfile* erzeugten Speicherabzug. Die Namen **a.out** und **core** werden standardmäßig für diese beiden Dateien angenommen, so daß in Abbildung 7.2 der Aufruf

> **adb**

ausreicht. Beendet wird **adb** mit

> **$q**

wobei das **$**-Zeichen kein Prompt-Symbol, sondern Teil des Kommandos und daher mit einzugeben ist.

```
(1)  $ cc -f wurzel.c
(2)  $ a.out
(3)  121
     core dumped
(4)  $ adb
(5)  $c
        fdiv(#fa00,#0046,#0000,#0000) line 0
        ~main(#0001,#00ef,#fef0,#00ef,#fef8) line 0
(6)  $C
        fdiv(#fa00,#0046,#0000,#0000) line 0
        ~main(#0001,#00ef,#fef0,#00ef,#fef8) line 0
                          _x1:              #f2000046
                          _x2:              #f2000046
                          _y:               #f2000047
                          _y0:              #00000000
(7)  $e
        _environ:         #00effef8
        __pfile:          #00000000
        __iob:            #00800ee3
        __sctab:          #00000000
        __ctype_:         #00202020
        __lastbuf:        #00800410
        __sibuf:          #3132310a
        __sobuf:          #00000000
        _errno:           #00000000
        __currbrk:        #008016e4
        _end:             #00000000
(8)  main.y/f
        #00effe94:        +1.21e2
(9)  $q
        $
```

Abb. 7.2: Analyse des Speicherabzugs nach einem Programmabsturz mit adb. *Das Programm wird wie üblich mit* cc *übersetzt (-f Flag für Fließkommaoperationen). Bei seiner Ausführung tritt nach der Daten-eingabe in Zeile (3) ein Fehler auf, der zum Abbruch mit einem Spei-cherabzug (*core) *führt. Der Speicherabzug wird mit dem Debugger* adb *in Zeile (4) bis (9) analysiert.*

Zur Untersuchung der Ursache für den Programmabbruch wird ein Backtrace in Eingabezeile (5) in Abbildung 7.2 erzeugt. Das Kommando dafür heißt

$c

Es zeigt, daß zuletzt die Routine fdiv (eine Funktion für Fließkommadivision in der C-Bibliothek) ausgeführt wurde. Dort ist das Programm abgestürzt. Auf die ebenfalls angezeigten absoluten Hexadezimalwerte (#) bei fdiv und main soll hier nicht eingegangen werden.

Aus dem Speicherabzug können auch die Werte lokaler und externer Variablen zum Zeitpunkt des Programmabsturzes gelesen werden. Das Kommando

$C

in Zeile (6) gibt zusätzlich zum Backtrace die Werte der lokalen Variablen in Hexadezimaldarstellung aus. Die externen Variablen werden mit

$e

in Zeile (7) gezeigt. Die Werte der Variablen sind ebenfalls als Hexadezimalzahlen angegeben.

Der auch für die nachfolgende Beschreibung wichtige Zugriff auf einzelne Variablen ist in Zeile (8) zu sehen. Die allgemeine Form ist

adresse/format

wobei *adresse* ein arithmetischer Ausdruck mit einer Reihe spezieller Operatoren sein kann. Die Adresse der Variblen *name* in der C-Funktion *routine* wird mit

routine.name

angegeben. Der Schrägstrich hinter *adresse* bewirkt, daß die Adresse im Speicherabzug gesucht und ihr Inhalt im angegebenen Format ausgegeben wird. Die gängigen Formate sind:

b	1 byte in Oktaldarstellung
c	1 byte als Character
d	Dezimalformat für 2 byte Integer
D	Dezimalformat für 4 byte Integer
f	Gleitkommaformat (4 byte)
F	Gleitkommaformat (8 byte)
s	Zeichenkette, mit 0 abgeschlossen
X	4 byte in Hexadezimaldarstellung

7.1.2 Programmablauf unter adb-Kontrolle

In Abbildung 7.3 ist der Ablauf von **wurzel** zum Austesten mit **adb** gezeigt. Es wird zunächst mit **cc** wie üblich übersetzt. Das ausführbare Programm steht danach wegen der **-o** Option in der Datei **wurzel** und wird mit

> adb wurzel -

für den Test vorbereitet.

```
(1)  $ cc -f wurzel.c -o wurzel
(2)  $ adb wurzel -
(3)  scanf:b
(4)  :r
        wurzel:         running
        breakpoint      _scanf:            link     a6,@26
(5)  :s
        wurzel:         running
        stopped         at    _scanf+#0008:   move.l  8(a6),-(a7)
(6)  :s
        wurzel:         running
        stopped         at    _scanf+#000c:   pea       __iob
(7)  $C
        _scanf(#0080,#0004,#00ef,#fe94)        line 0
        ~main(#0001,#00ef,#fef0,#00ef,#fef8)   line 0
                        _x1:           #00000000
                        _x2:           #00000000
                        _y:            #00000000
                        _y0:           #00000000
(8)  main.y0/W 2.0
        #00effe90:      #00000000        =        #80000042
(9)  main.y0/f
        #00effe90:      +2.0
(10) :c
        wurzel:         running
(11) 121
     Wurzel ist 11.000000
        process terminated
(12) $q
```

Abb. 7.3: Programm-Ablauf unter **adb**-*Kontrolle*

Bevor wir das Programm starten, setzen wir mit

adresse:b

einen Haltepunkt, wobei *adresse* der Name einer C-Funktion ist (Zeile (3)).

In Verbindung mit Haltepunkten stehen noch weitere Kommandos zur Verfügung:

$b

zeigt alle gesetzten Haltepunkte an,

adresse:d

löscht den an *adresse* gesetzten Haltepunkt und

:c

setzt die Programm-Ausführung nach Erreichen eines Haltepunkts fort.

In Zeile (4) wird das Programm mit dem Kommando

:r

gestartet. Es läuft bis zum ersten Haltepunkt, dem Anfang der Funktion **scanf**, und zeigt die an dieser Stelle stehende Assembler-Anweisung. Bevor wir das Programm mit :c in Zeile (10) fortsetzen, führen wir einige **adb**-Anweisungen aus.

Im Single-Step-Verfahren wird im Programm mit

:s

jeweils die nächste Assembler-Anweisung ausgeführt und angezeigt (Zeile (5) und (6)).

In Zeile (7) benutzen wir wie oben

$C

für einen Backtrace und die Ausgabe der lokalen Variablen. Wir befinden uns noch immer in der Funktion **scanf**.

Im Programm ist der Wert für **y0** verkehrt. Wir ändern ihn in Zeile (8) mit einem Kommando der Form

adresse/w *value* bzw. *adresse*/W *value*

Der Wert *value* überschreibt 2 byte (w) bzw. 4 byte (W) an der angegebenen *adresse*. Für *adresse* benutzen wir wieder die Form *routine.name*. Als *value* geben wir eine Fließkommazahl, gekennzeichnet durch den Dezimalpunkt, an. Ohne Dezimalpunkt wird *value* als Integerzahl interpretiert, und zwar

zur Basis 8, falls *value* mit 0o oder 0O ("null oh") beginnt,
zur Basis 10, falls *value* mit 0t oder 0T beginnt,

zur Basis 16, falls *value* mit 0x oder 0X beginnt.

Zum Beispiel gilt 0o20 = 0t16 = 0x10 = sechzehn.

Die Änderung des Werts von **y0** in Zeile (8) wird von **adb** durch Ausgabe der spezifizierten Adresse mit ihrem neuen Inhalt als Oktalzahl protokolliert.

In Zeile (9) lassen wir uns den Wert von **y0** wieder wie im vorigen Beispiel als Fließkommazahl ausgeben.

Nach dem Fortsetzen des Programms in Zeile (10) und Eingabe des Datums "121" für wurzel, erhalten wir diesmal wegen der Änderung von **y0** das richtige Ergebnis. Nicht vergessen werden darf auch hier das Beenden des **adb** mit **$q** und natürlich das anschließende Berichtigen des Fehlers im Quellprogramm.

7.2 Der Debugger sdb

Mit dem Debugger **sdb** können Programme in Pascal, C und FORTRAN untersucht werden. Im Gegensatz zu **adb** kennt **sdb** die im Quellprogramm verwendeten Anweisungen und Bezeichnungen und erlaubt damit eine Fehleranalyse auf der Ebene des Quelltextes. Voraussetzung dafür ist, daß beim Übersetzen des Programms das Flag **-g** angegeben wird (z.B. **cc -g wurzel.c**). Damit legt der Compiler in den Objektcode zusätzliche Informationen über den Quelltext ab, auf die **sdb** zugreift.

7.2.1 Speicherabzug analysieren

sdb wird mit

> **sdb** *objfile corefile*

aufgerufen. *objfile* ist eine Datei mit einem ausführbaren Programm, daß wie bereits beschrieben mit dem **-g** Flage übersetzt ist. Die Datei *corefile* enthält den beim Abbruch von *objfile* erzeugten Speicherabzug. Die Namen **a.out** und **core** werden standardmäßig für diese beiden Dateien angenommen, so daß in Abbildung 7.4 in Zeile (4) der Aufruf

> **sdb**

ausreicht. **sdb** meldet sich mit dem Prompt-Symbol "**✳**". Beendet wird **sdb** mit

> q

Nach dem Aufruf zeigt **sdb** die Quelltext-Anweisung, bei deren
Ausführung das Programm abgestürzt ist. Wie zu erwarten, ist es in
unserem Fall die 10. Zeile im Hauptprogramm (Funktion **main**). Falls
der Aufruf von **sdb** allein noch keine Ausgabe bewirkt, kann mit

    l

die zuletzt ausgeführte Zeile angezeigt werden.

Mit dem **sdb**-Kommando in Zeile (5)

    t

wird ein Backtrace erzeugt. Die Ausgabe von t wird mit

    T

auf das letzte Element im Backtrace, d.h. die aktuelle Prozedur,
eingeschränkt. Da in unserem Fall der Backtrace nur eine Prozedur
enthält, sind t und T äquivalent.

Wir betrachten abschließend den Zugriff auf Variablen. Den Wert
einer lokalen Variable *name* in der Prozedur *procedure* erhält man mit

    procedure: *name*

Wird *"procedure:"* weggelassen, bezieht sich *name* auf die aktuelle Prozedur. In *procedure* und *name* darf das Metazeichen ***** benutzt werden.
Er steht für eine beliebige Zeichenfolge, daher liefert die Eingabe

    *

```
(1)   $ cc -g wurzel.c
(2)   $ a.out
(3)   121
      core dumped
(4)   $ sdb
      0xca in main:10:        x1 = (x1 + y / x1) / y0;
(5)   * t
      main(1,2147264992,2147265000)     [wurzel.c:10]
(6)   * *
      main:y0/ 0
      main:y/ 121
      main:x2/ 60.5
      main:x1/ 60.5
(7)   * q
```

*Abb. 7.4: Analyse des Speicherabzugs nach einem Programmabsturz
mit* sdb

in Zeile (6) die Werte aller lokalen Variablen im Hauptprogramm `main`. Eine Formatangabe wie bei `adb` ist nicht notwendig. Als *name* sind auch Strukturelemente der Form *variable.member*, Zeiger auf Strukturen (*pointer->variable*), Feldelemente (*variable*[*index*]) und beliebige Kombinationen dieser Formen zulässig.

7.2.2 Programmablauf unter sdb-Kontrolle

In Abbildung 7.5 ist der Ablauf von `wurzel` zum Austesten mit `sdb` gezeigt. Das Programm wird zunächst mit dem Flag `-g` beim `cc`-Kommando übersetzt und im Beispiel in die Datei `wurzel` geschrieben. Mit dem Aufruf von `sdb`

        `sdb wurzel -`

beginnt der Test.

Bevor wir das Programm starten, setzen wir mit

        linenumber `b`

einen Haltepunkt. Die *linenumber* bezieht sich auf das Quellprogramm und wird in der Form *Dateiname*:*Nummer* oder *Prozedur*:*Nummer* angegeben. In beiden Fällen wird *Nummer* relativ zum Dateianfang gezählt. Das Weglassen von *Nummer* hinter *"Prozedur:"* setzt den Haltepunkt auf die erste Zeile der Prozedur.

Wenn wie in Zeile (3) in Abbildung 7.5 keine Prozedur oder Datei angegeben ist, wird die aktuelle und hier einzige Datei `wurzel.c` benutzt. Das Programm hält hier vor Ausführung von Programmzeile 5 an.

Bei dem in Zeile (4) spezifizierten Haltepunkt ist eine weitere Anweisung angegeben, nämlich zum Zeigen des Wertes der Variablen `x1`. Die Anweisung wird beim Erreichen des Haltepunkts ausgeführt und das Programm - anders als bei (3) - dann ohne Eingriff des Benutzers fortgesetzt. Mehrere Anweisungen für einen Haltepunkt werden durch "`;`" voneinander getrennt.

In Verbindung mit Haltepunkten stehen noch weitere Kommandos zur Verfügung:

        `B`

zeigt alle gesetzten Haltepunkte an (s. Zeile (5)),

        linenumber:`d`

```
(1)   $ cc -g wurzel.c -o wurzel
(2)   $ sdb wurzel -
      No core image
(3)   * 5b
      main:5 b
(4)   * 9b x1
      main:9 b
(5)   * B
      main:9    <x1>
      main:5
(6)   * r
      wurzel
(7)   121
      Breakpoint at
      main:5:                    x1 = y / 2;
(8)   * *
      main:y0/ 0
      main:y/ 121
      main:x2/ 0
      main:x1/ -2.226e-14
(9)   * y0!2.0
(10)  * y0
      2
(11)  * s
      main:6:                    x2 = y;
(12)  * s
      main:7:                    while (! (abs(x1-x2) < 0.0001))
(13)  * c
      60.5
      31.25
      17.561
      12.2256
      11.0614
      11.0002
      11
      Wurzel ist 11.000000
      process terminated
(14)  * q
```

Abb. 7.5: Programmablauf unter **sdb**-*Kontrolle*

löscht den an *linenumber* gesetzten Haltepunkt und

    c

setzt die Programm-Ausführung nach Erreichen eines Haltepunkts fort.

In Zeile (6) wird das Programm mit dem Kommando

    r

gestartet. Es wartet auf die Eingabe in Zeile (7) und läuft danach bis zum ersten Haltepunkt. Die am Haltepunkt stehende Quellprogramm-Anweisung wird gezeigt. Bevor wir das Programm mit c in Zeile (13) fortsetzen, führen wir einige **sdb**-Anweisungen aus.

Mit **✱** betrachten wir wieder die lokalen Variablen und ändern anschließend den Wert von **y0** in Zeile (9) mit einem Kommando der Form

    variable!*value*

Die angegebene *variable* erhält den Wert *value*. Als *value* zulässig sind Zahlen, Zeichenketten (in Hochkomma) und Variablen. Bei Gleitkommazahlen muß - wie im Beispiel - der Dezimalpunkt angegeben werden.

Durch Ausgabe des Wertes von **y0** in Zeile (10) lassen wir uns die Änderung des Wertes bestätigen.

Im Single-Step-Verfahren wird im Programm mit

    s

jeweils die nächste Quelltext-Anweisung [1] ausgeführt und angezeigt (Zeile (11) und (12)).

Nach dem Fortsetzen des Programms mit c in Zeile (13) sehen wir wegen dem in (4) gesetzen Haltepunkt den Wert der Variablen **x1** bei jedem Schleifendurchlauf. Nach dem Programmende wird **sdb** noch mit **q** beendet.

---

[1] genauer: der zur Anweisung gehörende Maschinencode wird ausgeführt.

7.3 Der Debugger dbx

In der Berkeley UNIX-Version 4.2 ist der Debugger **sdb** durch **dbx**
ersetzt. Wie **sdb** benutzt auch **dbx** Anweisungen und Bezeichnungen
aus dem untersuchten Quellprogramm. Voraussetzung dafür ist wieder,
daß beim Übersetzen des Programms das Flag **-g** angegeben wird (z.B.
cc -g wurzel.c). Damit legt der Compiler in den Objektcode
zusätzliche Informationen über den Quelltext ab, auf die **dbx** zugreift.
Die Anwendung von **dbx** ist bisher noch auf Programme in C und
FORTRAN beschränkt.

7.3.1 Speicherabzug analysieren

dbx wird aufgerufen mit

> **dbx** *objfile corefile*

objfile ist eine Datei mit einem ausführbaren Programm, das wie oben
beschrieben mit dem Flag **-g** übersetzt ist. Die Datei *corefile* enthält
den beim Abbruch von *objfile* erzeugten Speicherabzug. Für die Datei
mit dem Speicherabzug wird standardmäßig der Name **core** angenommen, so daß in Abbildung 7.6 in Zeile (4) der Aufruf

> **dbx wurzel**

ausreicht.   **dbx** meldet sich mit dem Prompt-Symbol **(dbx)**. Beendet
wird **dbx** mit

> **quit**

> Mit dem **dbx**-Kommando in Eingabezeile (5)

> **where**

wird ein Backtrace erzeugt. Wir erkennen, daß zuletzt die 10. Zeile der
Datei **wurzel.c** im Hauptprogramm (**main**) ausgeführt wurde. Dort ist
das Programm abgestürzt. Um diese Zeile zu sehen, benutzen wir

> **list** *linenumber*   oder   **list** *linenumber1, linenumber2*

Das **list**-Kommando zeigt die angegebene Zeile *linenumber* bzw. die
Zeilen von *linenumber1* bis *linenumber2*. Ohne Parameter zeigt **list**
die ganze Quelltextdatei.

> Die Werte der aktiven Variablen zum Zeitpunkt des Pro-
grammabsturzes liefert in Zeile (7)

> **dump** > *dateiname*

Die Ausgabe kann durch **>***dateiname* in eine Datei umgelenkt werden,

```
(1)   $  cc -g wurzel.c -o wurzel
(2)   $  wurzel
(3)   121
          core dumped
(4)   $ dbx wurzel
          dbx version of 9/26/83 10:42 (ucbmonet).
          Type 'help' for help.
          reading symbolic information ...
(5)   (dbx) where
          main(0x1,0x7fffeec4,0x7fffeecc),line 10 in "wurzel.c"
(6)   (dbx) list 10
          10                          x1 = (x1 + y / x1) / y0;
(7)   (dbx) dump
          main(0x1,0x7fffeec4,0x7fffeecc),line 10 in "wurzel.c"
          y0 = 0.0
          y = 121.0
          x2 = 60.5
          x1 = 60.5
          in "wurzel":
          realloc_srchlen = 4
          _lastbuf = 7968
          _sobuf = 0
          _sibuf = 170996273
          errno = 0
          _ctype_ = 538976256
          _sctab = 0
          _iob = 1
          _dbargs = 0
          environ = 2147479244
(8)   (dbx) print y0
          0.0
(9)   (dbx) quit
```

Abb. 7.6: Analyse des Speicherabzugs mit **dbx** *nach einem Programmabsturz*

zum Beispiel um sie später auszudrucken.

Den Wert einzelner Variablen zeigt das in Zeile (8) benutzte Kommando

> print *expression* [,*expression*] ...

Es gibt die Werte der angegebenen arithmetischen Ausdrücke *expression* aus. In unserem Fall besteht *expression* nur aus einer Variable. Feldelemente werden mit *"Variable[Index]"* angegeben, der Separator *"."* dient sowohl für Strukturelemente *"record.member"* als auch für über Zeiger adressierte Variablen *"pointer.variable"*.

7.3.2 Programmablauf unter dbx-Kontrolle

In Abbildung 7.7 ist der Ablauf von **wurzel** zum Austesten mit **dbx** gezeigt. Das Programm wird zunächst mit dem Flag **-g** beim **cc**-Kommando übersetzt und im Beispiel in die Datei **wurzel** geschrieben. Mit dem Aufruf von **dbx**

> dbx wurzel -

beginnt der Test.

```
(1)    $   cc -g wurzel.c -o wurzel
(2)    $   dbx wurzel -
           dbx version of 9/26/83 10:42 (ucbmonet).
           Type 'help' for help.
           reading symbolic information ...
(3)    (dbx) stop at 5
           (1) stop at 5
(4)    (dbx) trace x1 at 9
           (2) trace x1 at 9
(5)    (dbx) status
           (1) stop at 5
           (2) trace x1 at 9
(6)    (dbx) run
(7)        121
           stopped in main at line 5
           5                        x1 = y / 2;
(8)    (dbx) dump
           main(0x1,0x7fffeec4,0x7fffeecc),line 5 in "wurzel.c"
           y0 = 0.0
```

```
            y = 121.0
            x2 = 0.0
            x1 = 0.0
            in "wurzel":
            realloc_srchlen = 4
            _lastbuf = 7968
            _sobuf = 0
            _sibuf = 170996273
            errno = 0
            _ctype_ = 538976256
            _sctab = 0
            _iob = 1
            _dbargs = 0
            environ = 2147479244
 (9)    (dbx) set y0=2.0
(10)    (dbx) print y0
            2.0
(11)    (dbx) step
            stopped in main at line 6
            6                      x2 = y;
(12)    (dbx) step
            stopped in main at line 7
            7              while (! (abs(x1-x2) < 0.0001))
(13)    (dbx) cont
            at line 9: x1 = 60.5
            at line 9: x1 = 31.25
            at line 9: x1 = 17.561
            at line 9: x1 = 12.2256
            at line 9: x1 = 11.0614
            at line 9: x1 = 11.0002
            at line 9: x1 = 11.0
            Wurzel ist 11.000000
(14)    (dbx) quit
```

Abb. 7.7: Programmablauf unter dbx-*Kotrolle*

Bevor wir das Programm starten, setzen wir mit

    stop at *linenumber*

einen Haltepunkt. Die *linenumber* bezieht sich auf das Quellprogramm und wird in der Form *"Dateiname:"Nummer* angegeben. *Nummer* wird relativ zum Dateianfang gezählt. Wenn wie in Zeile (3) in Abbildung 7.7

keine Datei angegeben ist, wird die aktuelle Datei, das ist hier
wurzel.c, benutzt. Das Programm hält vor Ausführung von Programmzeile 5 an. Die **stop**-Anweisung kann auch benutzt werden, um
mit

   stop in *procedure*

einen Haltepunkt auf die erste Zeile der angegebenen Prozedur zu setzen.

   Haltepunkte, bei denen nur der Wert einer Variablen (bzw. eines
Ausdrucks) gezeigt und danach das Programm ohne Eingriff des
Benutzers fortgesetzt wird, werden in der Form

   trace *expression* **at** *linenumber*

angegeben. Durch das **trace**-Kommando in Zeile (4) wird bei jeder
Ausführung von Programmzeile 9 der Wert von **x1** gezeigt.

   Besteht *expression* nur aus einer Variablen, kann die Angabe **at**
linenumber weggelassen werden. Es wird dann jede Änderung des Wertes der angegebenen Variablen gezeigt. Die Ausführung des Programms
wird damit aber deutlich langsamer als beim **trace**-Kommando mit
at-Teil.

   In Verbindung mit Haltepunkten stehen noch weitere Kommandos
zur Verfügung:

   status

zeigt alle gesetzten Haltepunkte an (s. Zeile (5)), Die dabei in Klammern
ausgegebenen Kommandonummern werden beim Löschen von Haltepunkten mit

   delete *Kommandonummer*

benötigt. Das Kommando

   cont

setzt die Programm-Ausführung nach Erreichen eines Haltepunktes
fort.

   In Zeile (6) wird das Programm mit dem Kommando

   run

gestartet. Es wartet auf die Eingabe in Zeile (7) und läuft danach bis
zum ersten Haltepunkt. Die am Haltepunkt stehende Quellprogramm-
Anweisung wird gezeigt. Bevor wir das Programm mit **cont** in Zeile (13)
fortsetzen, führen wir einige weitere **dbx**-Anweisungen aus.

   Mit **dump** betrachten wir wieder die aktiven Variablen und ändern
anschließend den Wert von **y0** in Zeile (9) mit einem Kommando der

Form

    set *variable=expression*

Die angegebene Variable erhält den Wert des arithmetischen Ausdrucks *expression*. Bei Fließkommazahlen in *expression* muß - wie im Beispiel - der Dezimalpunkt angegeben werden.

Durch Ausgabe des Wertes von **y0** in Zeile (10) lassen wir uns die Änderung des Wertes bestätigen.

Im Single-Step-Verfahren wird im Programm mit

    step

jeweils die nächste Quelltext-Anweisung ausgeführt und angezeigt (Zeilen (11) und (12)).

Nach dem Fortsetzen des Programms mit **cont** in Zeile (13) sehen wir wegen des in (4) gesetzen Haltepunktes den Wert der Variablen **x1** bei jedem Schleifendurchlauf. Nach dem Programmende wird **dbx** mit **quit** beendet.

7.4 Laufzeitoptimierung

> "Was die Optimierung betrifft, befolgen wir zwei Regeln:
> Regel 1:   Tu's nicht.
> Regel 2:   (nur für Experten)
>   Tu's noch nicht, d.h. nicht bevor Du eine
>   klare und nicht-optimierte Lösung hast."
>
> M.A.Jackson

Ein Programm ist ausgetestet und arbeitet korrekt - nur zu langsam. Erst jetzt, wenn die Funktionsfähigkeit hinreichend nachgewiesen ist, darf optimiert werden. Ansonsten schafft man sich ungeahnte und unauffindbare Quellen neuer Fehler.

7.4.1 Objektcode-Optimierung

Am besten und einfachsten überläßt man die Optimierung dem Compiler. Die vorgestellten Compiler **cc**, **f77** und **pc** akzeptieren in vielen UNIX-Versionen das Flag -O (optimizer). So bewirkt etwa der Aufruf

    cc -O prog.c

daß der aus **prog.c** generierte Assembler-Code eine zusätzliche Opti-
mierungsphase durchläuft. Als Ergebnis wird, wie beim einfachen **cc**-
Aufruf, das fertige Programm in **a.out** abgelegt.

Der nächste Schritt ist das Verzichten auf Laufzeitprüfungen, die
vom Compiler z.B. zum Überwachen von Feldgrenzen in den Objektcode
eingebaut werden können, Die benötigten Compiler-Optionen sind in
Abbildung 7.8 dargestellt. Bedingung ist natürlich, daß das Programm
hinreichend ausgetestet ist.

Nach dem Übersetzen und Binden kann weiter optimiert werden.
Das Kommando

> **strip** *prog*

entfernt aus dem ausführbaren Programm *prog* die Symboltabelle und
die "relocation bits".[2] Damit belegt *prog* weniger Speicherplatz, was bei
knappem Hauptspeicher auch zu einer Verbesserung der Laufzeit führen
kann. Bei einem Programmabsturz ist dann aber aufgrund der fehlen-
den Symboltabelle der Speicherabzug nur schwer zu analysieren.

Der Erfolg der Optimierungsbemühungen läßt sich mit

> **time** *command*

	Übersetzen von **prog.x**			
	mit Laufzeitprüfung	ohne Laufzeitprüfung	mit Code-Optimierung	vorbereiten für Messungen
C-Compiler		cc prog.c	cc -O prog.c	cc -p prog.c
FORTRAN-Compiler	f77 -C prog.f	f77 prog.f	f77 -O prog.f	f77 -p prog.f
Pascal-Compiler	pc -C prog.p	pc prog.p	pc -O prog.p	pc -p prog.p
Pascal-Interpreter	pi prog.p pix prog.p	pi -t prog.p pix -t prog.p		pi -z prog.p pix -z prog.p

*Abb. 7.8: Compiler/Interpreter-Flags zur Laufzeit-Optimierung eines
Programms.*

---

[2] Die Symboltabelle enthält Namen und Adressen der im Programm benutzten
Bezeichner, "relocation bits" sind Informationen, die zum Binden des Programms
benötigt werden.

überprüfen. Das Kommando *command* wird ausgeführt. Wenn es beendet ist, gibt `time` Zeitinformationen (in Sekunden) aus. Im nächsten Beispiel laufen sowohl `cc` als auch das erzeugte Programm `wurzel` unter dem Kommando `time` ab.

```
$ time cc wurzel.c -o wurzel
        14.0 real            6.2 user            0.1 sys
$ time wurzel
121
Wurzel ist 11.000000
         5.0 real            0.3 user            0.0 sys
$
```

Die `real`-Zeit ist die Zeit zwischen Programmanfang und -ende. Nicht die ganze Zeit über wird das Programm von der CPU bearbeitet, da auch andere Prozesse um die CPU konkurrieren. Die CPU-Zeit des Programms, also die tatsächliche Rechenzeit, ist die Summe aus `user`- und `system`-Zeit. In der `system`-Zeit sind die Zeiten aufaddiert, die für die Ausführung von Betriebssystem-Aufrufen, etwa der Ein- und Ausgabe, verbraucht wurden. Unter `user`-Zeit versteht man die Zeit, in der der Rechner sich im Benutzerprogramm befindet.

7.4.2 Messungen zur Quellcode-Optimierung

Falls mit den bisher vorgestellten Maßnahmen kein befriedigendes Ergebnis erzielt werden konnte, müssen jetzt zur weiteren Optimierung Änderungen am Quelltext vorgenommen werden. Voraussetzung dabei ist, daß die Programmteile bestimmt werden, die lange Laufzeiten verursachen. Nur bei solchen Programmteilen ist die Optimierung sinnvoll. In einer empirischen Studie [Knuth71] untersuchte FORTRAN-Programme verbringen über 50% ihrer Laufzeit in nur 4% des Codes.

Um die Laufzeiten von Prozeduren [ms/call] und die Anzahl ihrer Aufrufe [#call] zu messen, müssen keine Änderungen am Quellprogramm vorgenommen werden. Es ist lediglich das Flag `-p` beim Übersetzen anzugeben (Abbildung 7.8). Der Compiler fügt dann Aufrufe der Systemfunktion `monitor` ein. Wenn das Programm abläuft, erzeugen diese Aufrufe eine Datei `mon.out` zum Sammeln der Meßdaten, die dann mit dem Kommando `prof` ausgewertet werden kann.

Als Beispiel übersetzen wir das aus FORTRAN und C-Code bestehende Wurzel-Programm aus Abschn. 6.3[4] mit dem Flag -p, lassen das
Programm laufen und werten dann mit

   prof *programmname*

die in mon.out gesammelten Daten aus.

```
$ f77 -p wurzel.f f.c drucke.f -o wurzel
$ wurzel
121
   Wurzel =   .110000000e+02
$ prof wurzel
   %time  cumsecs  #call  ms/call  name
    75.0    0.05      7     7.14   _f_
    25.0    0.07      1    16.67   _MAIN__
     0.0    0.07  90112     0.00   _b_char
     0.0    0.07      1     0.00   _drucke_
```

Abhängig von der jeweiligen UNIX-Version können beim prof-Kommando
noch Flags angegeben werden, z.B. zur graphischen Ausgabe der
Meßergebnisse. In Berkeley-UNIX 4.2 gibt es zusätzlich das Kommando
gprof, das weitergehende Informationen als prof liefert. Für Detailmessungen können die erwähnten Aufrufe der Funktion monitor auch
vom Benutzer selbst in das Programm eingebaut werden.

Für Pascal-Programme gibt es noch eine weitere Möglichkeit,
Detailmessungen durchzuführen. Das bereits für die Aufbereitung von
Programmtext vorgestellte pxp-Kommando kann benutzt werden, um
die Ausführungshäufigkeit jeder einzelnen Anweisung im interpretierten
Pascal-Programm zu bestimmen. Dafür muß beim Aufruf des Inter-
preters pix oder pi das Flag -z angegeben werden. Das Pascal-
Programm wird ausgeführt und mit dem anschließenden pxp-
Kommando, ebenfals mit dem Flag -z, ein Programm-Listing erstellt, in
dem die Ausführungshäufigkeiten eingetragen sind:

---

[4] Das zugehörige Programm in der Datei f.c wurde für diesen Zweck künstlich ver-
langsamt.

```
$ pix -z wurzel.p
execution begins ...
100
Wurzel ist  10.0000
$ pxp -z wurzel.p
Berkeley Pascal PXP -- Version 1.1 (May 7, 1979)
Mon Dec 17 22:00 1984  wurzel.p
Profiled Mon Dec 17 22:00 1984


 1 000001.---|program wurzel(input, output);
 2            |var
 2            |    x1, x2, y: real;
 3            |begin
 4            |    readln(y);
 5            |    x1 := y / 2;
 6            |    x2 := y;
 7            |    while not (abs(x1 - x2)<0.0001) do begin
 9    000006.---|    x2 := x1;
10            |      x1 := (x1 + y / x1) / 2
10            |    end;
12            |    writeln('Wurzel ist', x1: 9: 4)
12            |end.
```

8 Programmierbare Werkzeuge

In UNIX gibt es Kommandos, deren Funktion nicht allein durch die Parameter beim Kommandoaufruf festgelegt wird. Diese Kommandos lesen ihre Anweisungen zusätzlich aus einer Datei, die wir hier mit *prog* bezeichnen. Die Verarbeitung der Eingabedaten erfolgt gemäß den Anweisungen in der Datei *prog*.

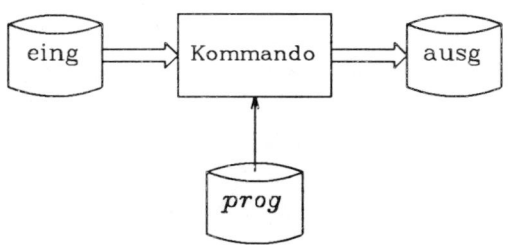

Die Anweisungen in *prog* bilden damit ein Programm, nach dem die Verarbeitung durchgeführt wird. Kommandos, die mit *prog* arbeiten, heißen daher auch "programmierbare Werkzeuge".

Die "Programmiersprache" für diese Werkzeuge ist auf die spezielle Aufgabe des Kommandos zugeschnitten und daher nicht so allgemein anwendbar, wie eine höhere Programmiersprache. Die Spezialisierung erlaubt es jedoch, bestimmte Aufgaben schneller und einfacher zu lösen, als dies mit einer üblichen Programmiersprache möglich wäre.

In diesem Kapitel werden drei programmierbare Werkzeuge vorgestellt, die praktisch in allen UNIX-Versionen verfügbar sind. Mit den ersten beiden, **sed** und **awk**, werden Aufgaben im Bereich der Textverarbeitung bearbeitet. Das dritte Werkzeug heißt **make** und dient zum Generieren von Programmsystemen.

8.1 sed - Ein nicht-interaktiver Texteditor

Bei dem Begriff *Texteditor* denkt man an ein bildschirmbezogenes und interaktives Programm, wie etwa den Editor **vi** aus Kapitel 3. Hier geht es dagegen um einen Editor **sed** (stream editor), bei dem die Befehlsfolge zum Editieren bereits beim Aufruf des Editors festliegen muß und nicht interaktiv am Bildschirm eingegeben wird.

Mit **sed** kann man leicht eine Reihe allgemeiner Textverarbeitungsaufgaben lösen, zum Beispiel:

- Ausgewählte Zeilen und Zeilenbereiche einer Datei ausgeben.

- Aufbereitung von Dateien für die Ausgabe (z.B. Leerzeilen einfügen, Einrückungen vornehmen).

- Nicht Benötigtes entfernen (z.B. rechts- oder linksbündige Leerzeichen, Kommentare).

- Deutsche Umlaute bearbeiten.

- Anpassung der Ausgabe eines Programms an das nachfolgende Programm in einer Pipe.

Wir werden im folgenden diese und einige weitere Anwendungen mit **sed** "programmieren". Zunächst folgt jedoch die Beschreibung der Arbeitsweise und der Befehlssyntax.

8.1.1 Arbeitsweise und Befehlssyntax

Der Aufruf von **sed** erfolgt mit dem Kommando

    sed   *program* *textfile*

Darin ist *program* eine Folge von Editor-Befehlen für **sed**, die weiter unten behandelt werden. **sed** liest die angegebene Datei *textfile*, führt die Editor-Befehle auf den Inhalt von *textfile* aus und gibt das Ergebnis auf stdout aus. Die Datei *textfile* bleibt dabei unverändert. Ohne Angabe eines Dateinamens liest **sed** von stdin.

Als Beispiel benutzen wir den schon vom Editor **vi** (Abschn.3.3.2) bekannten Befehl **s** (substitute). Mit

    sed 's/Unix/UNIX (TM)/g' text

wird der Inhalt von **text** auf stdout ausgegeben. In der Ausgabe ist jede Zeichenfolge **Unix** durch **UNIX (TM)** ersetzt. Der substitute-Befehl ist in Hochkommata eingeschlossen, damit Sonderzeichen im Befehl (hier die Klammern um **TM**), nicht von Shell interptetiert werden. Den substitute-Befehl werden wir später noch häufiger brauchen.

Statt die Editor-Befehle in der Kommandozeile beim Aufruf von **sed** anzugeben, können sie auch in einer Datei *progfile* abgelegt werden (siehe Abbildung 8.1). Der Name von *progfile* wird hinter dem Flag **-f** (file) angegeben:

    sed -f *progfile* *textfile*

Die Verarbeitung der Datei *textfile* beschreibt das folgende **sed**-Histogramm:

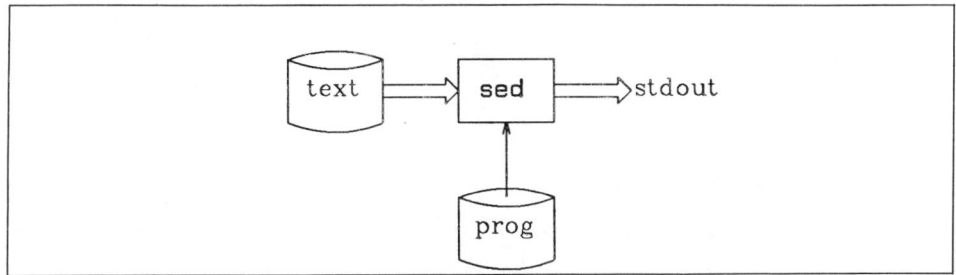

Abb. 8.1: Mit dem Kommando sed -f prog text *wird die Datei* text
nach stdout übertragen. Dabei werden die in der Datei prog *abgelegten Editorbefehle angewendet.*

Solange Dateiende von **eindat** nicht erreicht
1. Lies nächste Zeile aus **eindat**
2. Führe Befehle aus **progdat** aus
3. Schreibe (evtl. geänderte) Zeile auf stdout

Der dritte Schritt im Histogramm, die unbedingte Ausgabe auf
stdout, kann ausgelassen werden. Das bewirkt das Flag **-n** im Kommandoaufruf

　　sed -n *program textfile*　　und　　**sed -n -f** *progfile textfile*

Die Ausgabe erfolgt hierbei nur, wenn sie durch einen entsprechenden
Editor-Befehl (in Schritt 2) durchgeführt wird.

Am **sed**-Histogramm sieht man, daß für jede Zeile aus der Datei
textfile alle Editor-Befehle ausgeführt werden. Das heißt, ein Editor-
Befehl bezieht sich (im Normalfall) auf alle Zeilen der Eingabedatei. So
hat zum Beispiel der zu Beginn benutzte substitute-Befehl alle Zeilen in
text bearbeitet. Im Editor **vi** wäre mit dem Befehl nur die aktuelle
Zeile bearbeitet worden.

Durch Adressen im Befehl kann die Wirkung eines Befehls auf eine
Zeile, *adr*, oder einen Zeilenbreich, adr_1 bis adr_2, beschränkt werden.
Die allgemeine Form ist

　　adr Befehl Parameter　　und　　adr_1, adr_2 *Befehl Parameter*

Zwischen der Adresse und dem Befehl dürfen beliebig viele Leerzeichen
stehen. Als Adressen können Zeilennummern angegeben werden, wobei
das Zeichen **$** die letzte Zeile repräsentiert. So werden zum Beispiel
mit

　　sed '10,$ s/Unix/UNIX (TM)/g'　 text

ab der zehnten bis zur letzten Zeile alle Wörter Unix durch UNIX (TM) ersetzt. Die ersten neuen Zeilen werden unverändert ausgegeben.

Relative Zeilennummern (wie etwa beim Editor vi) sind nicht möglich. Das Kommando

```
sed '$-3,$ s/Unix/UNIX (TM)/g' text     (unzulässig)
```

bearbeitet nicht die letzten vier Zeilen, sondern führt zu einer Fehlermeldung. Die Ursache dafür zeigt ebenfalls das sed-Histogramm. Da die Eingabedatei sequentiell bearbeitet wird, ist relative Adressierung nicht möglich.

Dafür können als Adressen Muster angegeben werden, wie sie schon beim grep-Kommando (Abb. 4.2) oder beim Editor vi (Abschn. 3.3.2) beschrieben sind. Die Muster sind in Schrägstrichen einzuschließen:

/pattern/ *Befehl Parameter*   und
/pattern1/,/patern2/ *Befehl Parameter*

Im ersten Fall werden mit *Befehl* alle Zeilen bearbeitet, die das Muster *pattern* enthalten. Im zweiten Fall bezieht sich sich *Befehl* auf Zeilenbereiche. Jeder Zeilenbereich beginnt mit einer Zeile, die *pattern1* enthält, und endet mit der nächsten Zeile, die *pattern2* enthält. Ein Zeilenbereich umfaßt also mindestens zwei Zeilen. Zum Beispiel wird mit

```
sed '/Anfang/,/Ende/ s/Unix/UNIX (TM)/g' text
```

nur in den Zeilen der substiute-Befehl ausgeführt, die zwischen einer Zeile mit dem Wort Anfang und einer Zeile mit dem Wort Ende (einschließlich der beiden Zeilen) stehen.

Zusätzlich kann zwischen der Adresse und dem Befehlsbuchstaben das Zeichen "!" geschrieben werden:

adr ! *Befehl Parameter*   und
adr_1, adr_2 ! *Befehl Parameter*

Damit bezieht sich Befehl auf alle Zeilen (bzw. Zeilenbereiche), die nicht mit *adr* (bzw. adr_1, adr_2) adressiert sind. Zum Beispiel ersetzt das Kommando

```
sed '3!s/Unix/UNIX (TM)/g' text
```

die angegebene Zeichenfolge in allen Zeilen, außer in Zeile 3.

8.1.2 Zeilen ausgeben

Die **sed**-Befehle für die Ausgabe heißen **p** (print) und **w** (write).
Zusammen mit dem beschriebenen Adressierungsmechanismus können
die Befehle ausgewählte Zeilen oder Zeilenbereiche ausgegeben. Der
Befehl **p** gibt auf stdout aus, der **w**-Befehl schreibt in eine als Parameter anzugebende Datei. Für beide Befehle wird oft das Flag **-n** im
sed-Kommando benutzt. So werden mit

> **sed -n '1,10 p' text**

die ersten zehn Zeilen der Datei **text** ausgegeben. Ohne das Flag
würden alle Zeilen ausgegeben werden (Schritt 3 im **sed**-Histogramm)
und die ersten zehn Zeilen doppelt.

Die Ausgabe der ersten Zeilen einer Datei ist eine einfache und oft
benutzte Anwendung von **sed**, vor allem dann, wenn das Kommando
head nicht zur Verfügung steht. Es sei deshalb darauf hingewiesen, daß
das gleiche Ergebnis wie oben auch mit dem kürzeren Kommando

> **sed 10q text**

erreicht wird. Der **q**-Befehl (quit) beendet **sed**, nachdem Zeile 10 gelesen wurde.

Als Beispiel für write teilen wir die Datei **text** auf zwei Dateien auf.
Mit dem Kommando

> **$ sed -n '/Test/w dat1**
> **>   /Test/!w dat2' text**

werden Zeilen, die die Zeichenfolge **Test** enthalten, in die Datei **dat1**
geschrieben. Alle anderen Zeilen kommen in die Datei **dat2**. Die beiden
write-Befehle werden mit *RETURN* voneinander getrennt. Da bei der
Kommando-Eingabe in der ersten Zeile das abschließende Hochkomma
fehlt, fordert Shell mit dem Prompt **>** in Zeile 2 zur Fortsetzung der
Kommando-Eingabe auf.

In vielen Anwendungen werden mit dem **p**- und **w**-Befehl über
pattern adressierte Zeilenbereiche ausgegeben. Interessieren zum Beispiel in einem größeren Pascal-Programmtext prog.p nur die
Procedure-Anweisungen und der jeweils nachfolgende Deklarationsteil
(bis zur BEGIN-Anweisung), benutzt man

> **sed -n '/^PROCEDURE/,/^BEGIN/p' prog.p**

Die mit dem Kommando ausgegebenen Zeilenbereiche beginnen jeweils
mit einer Zeile, in der am Zeilenanfang (**^**) das Wort **PROCEDURE** steht
und enden mit der nächsten Zeile, die mit **BEGIN** anfängt. Die Suche

wird jeweils auf den Zeilenanfang beschränkt (^), damit zum Beispiel nicht das Wort PROCEDURE innerhalb einer Kommentarzeile den Anfang eines Bereichs markiert. Voraussetzung ist natürlich, daß eine PROCEDURE- und die erste BEGIN-Anweisung innerhalb einer Prozedur linksbündig stehen.

8.1.3 Zeichenketten ersetzen

Am häufigsten wird sed benutzt, um in einer Datei oder Pipe Zeichenketten zu suchen und zu ersetzen. Dazu dient der anfangs erwähnte substitute-Befehl. Er hat die vom Editor vi bekannte Form

    s /pattern/string/ flags

und ersetzt Zeichenfolgen, die dem Muster *pattern* entsprechen, durch *string*. Im Normalfall wird nur das erste Auftreten der Zeichenfolge je Zeile ersetzt, Das Flag g bewirkt, daß die Ersetzung in der ganzen Zeile durchgeführt wird. Weitere Flags sind:

p   (print) Zeilen, in der eine Ersetzung durchgeführt wurde, werden ausgegeben. In einigen UNIX-Systemen wird bei mehreren Ersetzungen in einer Zeile (Flag g) die Zeile für jede Ersetzung einmal ausgegeben.

w *file*   (write) Das Flag hat die gleiche Wirkung wie p, nur wird die Ausgabe in die angegebene Datei *file* geschrieben.

    Durch die Möglichkeit, für die Adressen und die zu ersetzende Zeichenfolge im substitute-Befehl Muster angeben zu können, ist der Befehl für viele Anwendungen geeignet. Allerdings kann man sich dabei auch leicht vertippen oder versehentlich die falschen Zeichen ersetzen. Es empfiehlt sich daher, längere sed-Kommandos in einer Shell-Prozedur abzulegen oder Befehlsfolgen in eine Datei *progfile* zu schreiben. Auf diese Weise entstehen im Lauf der Zeit eine Reihe von Werkzeugen, die bei der Bearbeitung von Textdateien helfen können. Als Anregung dafür und zur Erläuterung des substitute-Befehls sollen die folgenden Beispiele dienen: *Arbeiten mit Umlauten* und *Vorbereitung von Textausgabe*.

Arbeiten mit Umlauten

Wenn Texte mit deutschen Umlauten an einem Terminal oder Drucker ohne deutschen Zeichensatz ausgegeben werden, erscheinen statt der Umlaute ihre ASCII[1]-Darstellungen im US-Zeichensatz. Die folgende Tabelle zeigt, welche US-Zeichen den deutschen Spezialzeichen entsprechen:

ASCII-Oktalcode	133	134	135	173	174	175	176
US	[	\	]	{	|	}	~
deutsch	Ä	Ö	Ü	ä	ö	ü	ß

Den Editor **sed** kann man anwenden, um Umlaute wie "ä" als "ae" auszugeben. Die Datei **dtus** (Deutsch → US) enthält dafür folgende Editorbefehle[2]:

s/\[/Ae/g	*Ersetze:* $\ddot{A}$ → *Ae*
s/\\/Oe/g	$\ddot{O}$ → *Oe*
s/\]/Ue/g	$\ddot{U}$ → *Ue*
s/\{/ae/g	$\ddot{a}$ → *ae*
s/|/oe/g	$\ddot{o}$ → *oe*
s/\}/ue/g	$\ddot{u}$ → *ue*
s/~/ss/g	β → *ss*

Die Datei **dtus** wird im **sed**-Kommando

```
sed -f dtus text
```

benutzt. Es gibt die Datei **text** auf stdout aus, wobei alle Umlaute und der Buchstabe "ß" geeignet ersetzt sind.

Der umgekehrte Weg (US → Deutsch) ist nicht so einfach. Die Ersetzung aller "ue" durch "ü" oder "oe" durch "ö" kann unerwünschte Wirkungen haben. Aus Mauer wird "Maür" und der Poet wird zum "Pöt". Will man an einem Terminal mit US-Tastatur Texte mit deutschen Umlauten eingeben, repräsentiert man Buchstaben wie "ä" am besten durch ein vorangestelltes Sonderzeichen, zum Beispiel "\". Für den

---

[1] Erläuterungen zu ASCII s. Abschn. 4.2

[2] Wenn das Terminal, an dem die Datei **dtus** eingegeben wird, eine deutsche Tastatur hat, können natürlich statt der US-Zeichen in den substitute-Befehlen die Umlaute getippt werden. In beiden Fällen muß jedoch vor den meisten Zeichen ein Backslash (\) stehen, da sie sonst als Sonderzeichen für ein Muster interpretiert werden.

Buchstaben "ä" wird dann "\a", für "ß" wird "\s" eingegegeben.

Zur Ausgabe der so dargestellten Zeichen wird **sed** mit einer geeigeneten Befehlsdatei benutzt: Eine Befehlsdatei **usus** (US → US) dient zur Umwandlung der Form \a→ae für Ausgabegeräte mit US-Zeichensatz, eine andere Befehlsdatei **usdt** (US → Deutsch) wird für die Umwandlung der Form \a→ä für Geräte mit deutschem Zeichensatz eingesetzt.

Ein weiteres Problem bei Texten mit deutschen Umlauten ist das Sortieren mit **sort**. Zum Beispiel wird der Buchstabe "ü" nicht korrekt zwischen "ud" und "uf" eingeordnet, sondern wegen seiner Stellung in der ASCII-Reihenfolge vor dem Buchstaben "a". In Abschn. 4.2.4 haben wir bereits auf das Problem hingewiesen und vorgeschlagen, Buchstaben wie "ü" vor dem Sortieren in "ue1" und nach dem Sortieren wieder in "ü" umzuwandeln. Die Ziffer 1 soll dafür sorgen, daß bei der Rückumwandlung keine unerwünschten Ersetzungen der Form Poet→Pöt erfolgen.

Mit zwei **sed**-Befehlsdateien **dtus1** und **us1dt** läßt sich das vorgeschlagene Verfahren leicht durchführen. Beide Dateien enthalten geeignete substiute-Befehle analog zur ersten Befehlsdatei **dtus**. **dtus1** erzeugt aus einem Umlaut wie "ü" die Zeichenfolge "ue1", mit **us1dt** wird aus "ue1" wieder "ü". Um eine Liste von deutschen Namen zu sortieren, benutzt man dann die Pipe:

```
sed -f dtus1 namen | sort | sed -f us1dt
```

Vorbereitung von Textausgabe

Damit bei der Ausgabe von Texten auf einem Drucker ein linker Rand zum Ablochen frei bleibt, kann **sed** alle Zeilen um einige Leerzeichen oder um eine Tabulatorposition nach rechts einrücken. Das Kommando

```
sed 's/^/    /' text
```

fügt an jeden Zeilenanfang (^) einige Leereichen ein. Statt den Leerzeichen kann auch die Tabulatortaste benutzt werden, wenn auf dem Ausgabegerät geeignete Tabulatorpositionen eingestellt sind.

Das gezeigte **sed**-Kommando rückt unnötigerweise auch leere Zeilen nach rechts ein. Besser ist es, die einzurückenden Zeilen durch Angabe einer Adresse auszuwählen. Als Adresse kann zum Beispiel das Muster **/./** benutzt werden, mit dem der substitute-Befehl nur auf Zeilen wirkt, die mindestens ein Zeichen enthalten:

```
sed '/./s/^/   /' text
```

Die gleiche Wirkung hat das Kommando

```
sed '/^$/!s/^/   /' text
```

Das Muster /^$/ adressiert alle Leerzeilen. Das Zeilenende ($) folgt direkt dem Zeilenanfang (^). Das Ausrufungszeichen bewirkt, daß auf die adressierten Zeilen der substitute-Befehl nicht ausgeführt wird.

Gelegentlich wird Text mit durchnumerierten Überschriften ein-gegeben, zum Beispiel:

```
1. Einleitung
Text ...
2. Definition
Text ...
```

Bei der Ausgabe sollen die Nummern der Überschriften nach links ausgerückt sein, d.h. die Textzeilen sind um drei Leerzeichen nach rechts zu verschieben:

```
1. Einleitung
   Text ...
2. Definition
   Text ...
```

Mit dem Kommando

```
sed '/^[0-9]\./!s/^/   /' text
```

wird die gewünschte Wirkung erreicht. Allen Zeilen, die nicht mit einer Ziffer gefolgt von einem Punkt beginnen, werden drei Leerzeichen vor-angestellt.

Als letztes Beispiel enfernen wir mit dem substitute-Befehl rechtsbündige Leerzeichen. Sie treten auf, wenn ein Programm mit fester Satzlänge arbeitet und Zeilen ausgibt, die jeweils bis zum Satz-ende mit Leerzeichen aufgefüllt sind. Beim Ausgeben der Zeilen auf einem Drucker kann das die Ausgabedauer erheblich verlängern, außerdem benötigen die Zeilen unnötigen Speicherplatz. Das Kommando

```
sed 's/ *$//'
```

enthält vor dem Wiederholungsoperator * ein Leerzeichen. Es ersetzt eine Folge von Leerzeichen am Zeilenende / *$/ durch die leere Zei-chenfolge in // und entfernt damit rechtsbündige Leerzeichen.

8.1.4 Zeilen löschen, einfügen und ändern

Gelöscht werden Zeilen mit dem Befehl **d** (delete). Löschen bedeutet nicht, daß in der Eingabedatei Zeilen entfernt werden, sondern der Befehl verhindert nur die Ausgabe von Zeilen. Zum Beispiel gibt

```
sed '3d' text
```

alle Zeilen aus **text** mit Ausnahme der dritten Zeile aus. Wird als Adresse das schon oben benutzte Muster **/^$/** im Kommando

```
sed '/^$/d' text
```

angegeben, enthält die Ausgabe keine Leerzeilen mehr. Gar keine Ausgabe erzeugt das Kommando

```
sed 'd' text
```

weil sich der **d**-Befehl wie alle **sed**-Befehle ohne Adreßangabe auf alle Zeilen beziehen.

Zum Einfügen von Zeilen dienen die beiden Befehle **a** (append) und **i** (insert). Der Befehl **a** fügt Text hinter jede adressierte Zeile ein, der Befehl **i** davor. Hinter dem Befehlsbuchstaben **a** oder **i** folgt ein Backslash "\", und der einzufügende Text beginnt auf einer neuen Zeile. Jede Zeile des Textes bis auf die letzte wird ebenfals mit Backslash beendet. Der folgende append-Befehl fügt drei Zeilen hinter Zeile 5 ein:

```
5 a\
Diese drei Zeilen\
werden hinter Zeile 5\
eingefuegt
```

Mit einem append-Befehl im **sed**-Kommando

```
$ sed 'a\
>   ' text
```

wird bei der Ausgabe der Datei **text** hinter jede Zeile eine Leerzeile eingefügt.

Die Wirkung von delete und insert ist im change-Befehl **c** zusammengefaßt. Mit

```
2,3 c\
Eine neue Zeile\
Noch eine neue Zeile\
Letzte neue Zeile
```

werden die beiden Zeilen 2 und 3 entfernt und dafür die drei eingegebenen Zeilen eingefügt.

8.2 Listenverarbeitung mit awk

Der Name **awk** leitet sich ab aus den Anfangsbuchstaben der Namen der
drei **awk**-"Erfinder", Aho, Weinberger und Kernighan, und gibt damit
noch keinen Hinweis auf die Funktion des Werkzeugs. **awk** ist vor **sed**
und **grep** das leistungsfähigste UNIX-Kommando zum Bearbeiten von
Textdateien. Während **grep** nur zum Suchen von Mustern dient und
sed Muster suchen und ersetzen kann, erlaubt es **awk**, abhängig von
Mustern nahezu beliebige Algorithmen auszuführen. Dafür stehen in
awk Variablen und Anweisungen zur Verfügung, die an der Programmiersprache C angelehnt sind.

Hauptsächlich wird **awk** eingesetzt, um Dateien mit Tabellen zu verarbeiten. Damit sind Dateien gemeint, in denen jede Zeile aus mehreren
Feldern besteht. Jedes Feld hat eine festgelegte Bedeutung und ist vom
benachbarten Feld durch einen Feldseparator (z.B. Leerzeichen, Tabu-
lator usw.) getrennt. Beispiele für solche Tabellen sind im UNIX-System
die Ausgaben von Kommandos wie **ls -l**, **ps** und **who** oder auch die
Datei **/etc/passwd**[3] . Darüberhinaus gibt es Tabellen-Dateien, in
denen Protokoll-Informationen abgelegt werden. Ein Beispiel dafür
zeigt Abbildung 8.2. In der dort abgebildeten Datei wird protokolliert,
welche Benutzer Daten über ein Netzwerk gesendet oder empfangen
haben.

Diese Datei wird im folgenden benutzt werden, um **awk** anhand
typischer Anwendungen kennenzulernen. Zunächst werden ausgewählte
Zeilen und Felder der Datei in geeigneter Form ausgegeben und dann
durch Summation und andere Berechnungen verdichtete Daten,
sogenannte Berichte, erstellt. Als erstes beschreiben wir jedoch den
awk-Aufruf und die Form seiner Befehle.

8.2.1 Aufruf und Befehlssyntax

Der Aufruf von **awk** erfolgt in ähnlicher Weise wie der von **sed**. Das
Kommando

    awk *program textfile*

liest die Datei *textfile*. *program* ist eine Folge von **awk**-Befehlen, die

---

[3] In der Datei **/etc/passwd** sind alle Rechnerbenutzer mit Benutzernamen,
verschlüsseltem Paßwort, Home-Directory usw. eingetragen.

```
schmidt pcs1 (10/20-23:55) sent data 3659 bytes 6 secs
schmidt pcs1 (10/20-23:57) received data 2817 bytes 4 secs
martin pcs2 (10/20-23:57) received data 2933 bytes 5 secs
schmidt pcs1 (10/20-23:59) sent data 1657 bytes 3 secs
schulze pcs1 (10/20-23:59) sent data 2662 bytes 4 secs
schulze pcs1 (10/21-0:03) received data 2262 bytes 4 secs
martin pcs2 (10/21-0:03) received data 2826 bytes 4 secs
schmidt pcs1 (10/21-0:03) received data 2898 bytes 4 secs
martin pcs2 (10/21-0:05) sent data 2929 bytes 4 secs
schmidt pcs1 (10/21-0:07) sent data 3001 bytes 4 secs
```

Abb. 8.2: Inhalt der Datei protokoll. *In UNIX-Systemen, die mit anderen Rechnern gekoppelt sind, existiert eine solche Datei meist unter dem Namen /usr/spool/uucp/SYSLOG. In der Datei wird vom System protokolliert, welcher Benutzer mit welchem Rechner kommuniziert hat. Zum Beispiel hat (Zeile 1) der Benutzer schmidt zum Rechner pcs1 Daten gesendet. Die Übertragung erfolgte am 20. Oktober um 23.55, enthielt 3659 Bytes und dauerte 6 Sekunden.*

auf den Inhalt von *textfile* ausgeführt werden. Das Ergebnis wird auf stdout ausgegeben, die Datei *textfile* bleibt unverändert. Ohne Angabe eines Dateinamens liest **awk** von stdin.

Wie bei **sed** können auch **awk**-Befehle in einer Datei *progfile* abgelegt werden. Der Name von *progfile* wird hinter dem Flag −f angegeben. Das Kommando

   awk −f *progfile textfile*

führt die in der Datei *progfile* enthaltenen Befehle auf den Inhalt von *textfile* aus.

Die **awk**-Befehle haben die allgemeine Form

   /pattern/ {*action*}

Darin ist *pattern* ein Muster, mit dem Zeilen aus der Eingabedatei ausgewählt werden. Das Muster ist in Schrägstrichen anzugeben. Die in geschweiften Klammern eingeschlossene Angabe {*action*} beschreibt eine Aktion, die auf alle Zeilen auszuführen ist, die das Muster *pattern* enthalten.

awk arbeitet zeilenweise. Es liest zunächst die erste Zeile der Eingabedatei *textfile* und vergleicht die Zeile mit den Mustern aller **awk**-Befehle. Ist ein Muster in der Zeile enthalten, wird die entsprechende Aktion ausgeführt. Trifft kein Muster zu, erfolgt auch keine Aktion.

Nach der Verarbeitung der ersten Zeile wird die zweite Zeile in gleicher Weise behandelt. Der Prozeß wiederholt sich jeweils mit der nächsten Zeile bis zum Ende der Eingabedatei.

Fehlt die Angabe {*action*}, werden die mit /*pattern*/ ausgewählten Zeilen ausgegeben. Das Kommando

> awk '/^schmidt/' protokoll

zeigt daher alle Zeilen der Datei **protokoll** aus Abbildung 8.2, die mit der Zeichenfolge **schmidt** anfangen.

Fehlt die Angabe /*pattern*/, ist jede Zeile von der mit {*action*} beschriebenen Aktion betroffen. Beispiele für Aktionen werden wir in den Anwendungsbeispielen kennenlernen.

Werden mehrere **awk**-Befehle angegeben, beginnt jeder Befehl in einer neuen Zeile. (Man spricht dann von einem **awk**-Programm.) Zusätzlich kann als erster Befehl

> BEGIN   {*action*}

benutzt werden. Die Angabe **BEGIN** bewirkt, daß vor dem Lesen der ersten Zeile der Eingabedatei die Aktion *action* ausgeführt wird. Als letzter Befehl ist

> END   {*action*}

zulässig. Die zugehörige Aktion wird ausgeführt, nachdem die letzte Eingabezeile verarbeitet wurde.

Ein **awk**-Programm kann Kommentare enthalten. Eine Zeichenfolge, die in einer Zeile hinter dem Zeichen **#** folgt, wird von **awk** ignoriert und kann als Kommentar benutzt werden.

8.2.2 Felder ausgeben

Wie beim **sort**-Kommando ist auch bei **awk** ein Feld eine Zeichenfolge in einer Zeile, die durch einen Feldseparator bzw. dem Zeilenanfang oder -ende begrenzt wird. Der Feldseparator ist im Normalfall das Leerzeichen, so daß für eine Zeile in der Datei **protokoll** aus Abbildung 8.2 folgende Feldzuordnung gilt:

Feldnummer								
1	2	3	4	5	6	7	8	9
schmidt	pcs1	(10/20-23:55)	sent	data	3659	bytes	6	secs

Zwischen zwei Feldern können auch mehrere Leerzeichen stehen. Der Feldseparator selbst ist kein Teil des Feldes.

Die Felder lassen sich mit den awk-Variablen $1, $2 , $3 ,... ansprechen. Hierbei steht $1 für das erste Feld, $2 für das zweite Feld usw. Mit $0 wird die gesamte Zeile bezeichnet.

Wir benutzen die Feldbezeichner im print-Befehl. Das Kommando

```
awk '{print $2, $1}' protokoll
```

gibt die Felder 1 und 2 aus der Datei protokoll in vertauschter Folge aus. Da kein Muster /pattern/ angegeben ist, wird für alle Zeilen der Eingabedatei die Aktion {print $2, $1} ausgeführt. Mit awk steht damit eine einfache Möglichkeit zur Verfügung, Felder auszuwählen und in beliebiger Reihenfolge auszugeben.

Der Feldseparator kann auf zwei Arten umdefiniert werden. Eine Möglichkeit besteht darin, beim awk-Aufruf hinter dem Flag -F ein Zeichen anzugeben, das statt des Leerzeichens als Feldseparator betrachtet werden soll. In der Datei /etc/passwd sind zum Beispiel die Felder durch das Zeichen ":" voneinander getrennt. Mit

```
awk -F: {print $1, $6} /etc/passwd
```

werden die Felder 1 (Benutzername) und 6 (Home-Directory) der Datei /etc/passwd ausgegeben.

Die gleiche Wirkung hat

```
awk 'BEGIN {FS = ":"}
          {print $1, $6}' /etc/passwd
```

Der Feldseparator steht in der Variablen FS, die normalerweise das Leerzeichen enthält. Ihr wird am Beginn des obigen awk-Programms der Doppelpunkt zugewiesen.

Neben dem Feldseparator FS für die Eingabedatei gibt es einen Feldseparator OFS (output field separator) für die Ausgabe. Das Komma-Zeichen im print-Befehl

```
{print $1, $6}
```

bewirkt, daß bei der Ausgabe zwischen die Felder der Ausgabe-Feldseparator geschrieben wird. Dagegen werden mit

```
{print $1 $6}
```
die Felder ohne Trennzeichen aneinandergehängt.

Auch der Ausgabe-Feldseparator ist im Normalfall das Leerzeichen. Ihm kann im **awk**-Programm eine beliebige Zeichenfolge zugewiesen werden. Zum Beispiel bewirkt

```
OFS = " TAB|       "
```
daß hinter einem Feld auf die jeweils nächste Tabulatorposition (Taste *TAB*) vorgerückt wird, und dann das Zeichen "|" sowie 5 Leerzeichen ausgegeben werden. Wir benutzen diesen Separator für das folgende **awk**-Programm, **prog1**, um aus der Datei **protokoll** (Abbildung 8.2) eine Tabelle über den Umfang der gesendeten Daten zu erstellen:

```
# awk-Program prog1
BEGIN       {OFS=" tab  |      "
            print "  G e s e n d e t e   D a t e n"
            print "name",  "bytes",  "sec."
            print "---------------------------------------"}
/sent/      {print $1, $6, $8}
```

Die zu Beginn durchzuführende Aktion in **prog1** geht über mehrere Zeilen im **awk**-Programm. Zuerst wird der Ausgabe-Feldseparator wie beschrieben umgesetzt. Es folgen drei **print**-Befehle für den Tabellen-kopf. Auszugebende Zeichenfolgen im **print**-Befehl werden in Anführungszeichen angegeben. Der letzte Befehl im **awk**-Programm bewirkt, daß von jeder Zeile, die die Zeichenfolge **sent** enthält, die Spalten 1, 6 und 8 ausgegeben werden.

Der Aufruf

```
awk -f prog1 protokoll
```
erzeugt die gewünschte Tabelle:

```
        G e s e n d e t e   D a t e n
    name     |    bytes     |    sec.
    ---------------------------------------
    schmidt |    3659      |    6
    schmidt |    1657      |    3
    schulze |    2662      |    4
    martin  |    2929      |    4
    schmidt |    3001      |    4
```

Das Programm **prog1** enthält allerdings noch zwei kleine "Schönheitsfehler". So würde zum Beispiel ein Benutzer **sentmeier**, der in der Datei **protokoll** steht, auch dann in der Tabelle aufgeführt werden, wenn er gar keine Daten gesendet hat: Der letzte Befehl in **prog1** gibt Felder der Zeilen aus, die die Zeichenfolge **sent** enthalten; dazu gehört auch die Zeile mit **sentmeier**. Für solche Fälle kann man statt dem Muster **/sent/** einen Vergleichsausdruck angeben. Die **print**-Aktion im Befehl

> `$4=="sent"   {print $1, $6, $8}`

wird nur ausgeführt, wenn in Feld 4 die Zeichenfolge **sent** steht.

Neben dem Test auf Gleichheit mit "**==**" gibt es noch weitere Vergleichsausdrücke, zum Beispiel

`$6 > 1024`	*Feld 6 größer als 1024*
`$1 != "schmidt"`	*Feld 1 ungleich* **schmidt**
`$8 <= $6`	*Feld 8 kleiner gleich Feld 6*
`$1 ~ /sch/`	*Feld 1 enthält das Muster* **sch**

Am Beispiel **sentmeier** läßt sich auch der zweite "Schönheitsfehler" zeigen. Der Name ist länger als 8 Zeichen und geht damit über die erste Tabulatorposition (üblicherweise Spalte 8) hinaus. Bei der Ausgabe mit **prog1** würde in Zeilen mit dem Namen **sentmeier** das erste "**|**"-Zeichen nicht wie bei den anderen Namen hinter der ersten Tabulatorposition (Spalte 9), sondern erst hinter der zweiten Tabulatorposition (Spalte 17) stehen.

Am einfachsten ist es, in diesem Fall die Ausgabe von **awk** so zu belassen und anschließend mit den Kommandos **expand** oder **pr -e** (Abschn. 4.1.4) die Tabulatorspalten der Feldbreite anzupassen.

Man kann aber auch schon im **awk**-Programm die Formatierung der Ausgabe geeignet programmieren und ohne Ausgabe-Feldseparator arbeiten. Dafür steht neben dem **print**-Befehl der Befehl **printf** zur Verfügung. Er ist identisch mit der gleichnamigen Funktion in der Programmiersprache C und erlaubt die Ausgabe in einem gewünschten Format. Der Befehl hat die allgemeine Form

> `printf ("`*format*`",` *var-1*`,` ...`,` *var-n*`)`

und gibt die Variablen *var-1* bis *var-n* in dem durch "*format*" beschriebenen Format aus. Zur Erläuterung des **printf**-Befehls verweisen wir auf die Literatur über die Programmiersprache C, zum Beispiel [Kern78] und [Purd83].

Nicht in C, aber mit awk ist es möglich, beim print und printf-Befehl den Namen einer Ausgabedatei anzugeben. Mit

    print $1 $2 > ausgdatei

schreibt der print-Befehl seine Ausgabe in die Datei ausgdatei. Der Dateiname kann auch eine Variable sein, zum Beispiel teilt das awk-Kommando

    awk '{print $0 > $1 }' protokoll

die Zeilen ($0) aus der Datei protokoll auf die Dateien martin, schmidt und schulze auf. Als Name für die Ausgabedatei dient jeweils das erste Feld (>$1). In der Datei schmidt stehen dann alle Zeilen, die in Feld 1 den Namen schmidt enthalten. Entsprechendes gilt für die Dateien schulze und martin.

8.2.3 Berechnungen durchführen

Neben den bereits erwähnten Variablen $0, $1,..., FS und OFS, die für awk eine spezielle Bedeutung haben, können auch eigene Variablen erzeugt werden. Variablen werden nicht deklariert. Ihr Typ (Zahl oder Zeichenkette) ist abhängig davon, in welchem Kontext sie benutzt werden. Mit dem Befehl

    x=5

wird zum Beispiel eine numerische Variable x erzeugt, während mit

    y="schulze"

die Variablen y zur Zeichenketten-Variable wird. Wenn es vom Kontext her erforderlich ist, wird geeignet konvertiert. Zum Beispiel weist

    x="2"+"4"

der Variablen x den Wert 6 zu. Falls in einem numerischen Kontext eine Zeichenfolge nicht als Zahl interpretiert werden kann, erhält sie den Wert Null.

Auf die Initialisierung einer vom Benutzer erzeugten Variablen kann meist verzichtet werden. Ihr Anfangswert ist standardmäßig die leere Zeichenfolge, was dem numerischen Wert Null entspricht.

Wir benutzen zwei Variablen, um prog1 zu erweitern. Die Tabelle der gesendeten Daten soll um eine Summenzeile ergänzt werden, in der die Gesamtzahl der übertragenen Bytes und der dafür benötigten Sekunden steht. Dafür werden Feld 6 und Feld 8 spaltenweise aufsummiert. Das erweiterte Programm **prog2** sieht so aus:

```
# awk-Programm prog2

BEGIN        {OFS="     |     "
             print "  G e s e n d e t e   D a t e n"
             print "name", "bytes", "sec."
             print "-----------------------------------"}
$4=="sent"   {print $1, $6, $8
             anzbytes = anzbytes + $6
             anzsec   = anzsec + $8}
END          {print "-----------------------------------"
             print "SUMME", anzbytes, anzsec}
```

Bei jeder Zeile der Eingabedatei, die in Feld 4 die Zeichenfolge **sent** enthält, werden mit **prog2** wie bisher die Felder 1, 6 und 8 ausgegeben. Zusätzlich wird je Zeile auf die Variable **anzbytes** (Anzahl Bytes) der Inhalt von Feld 6 und auf die Variable **anzsec** (Anzahl Sekunden) der Inhalt von Feld 8 summiert.

Mit dem Kommando

```
awk -f prog2 protokoll
```

wird **prog2** ausgeführt und die Tabelle erzeugt:

```
        G e s e n d e t e   D a t e n
    name    |    bytes    |    sec.
    -----------------------------------
    schmidt |    3659     |    6
    schmidt |    1657     |    3
    schulze |    2662     |    4
    martin  |    2929     |    4
    schmidt |    3001     |    4
    -----------------------------------
    SUMME   |    13908    |    21
```

Einige Veränderungen an **prog2** sind möglich. Falls z.B. die linksbündige Ausgabe der Zahlen in der Tabelle stört, muß der bereits erwähnte **printf**-Befehl benutzt werden. Eine andere Veränderung betrifft die Zuweisung

```
anzbytes = anzbytes + $6
```

Sie kann (wie in der Sprache C) auch kürzer geschrieben werden. Die Zuweisung

```
    anzbytes += $6
```

hat die gleiche Wirkung wie die ausgeschriebene Zuweisung, wird aber
von **awk** etwas schneller ausgeführt.

Neben der Addition beherrscht **awk** natürlich auch die anderen
Grundrechenarten (Operatoren: +, -, *, /) sowie Modulo-Rechnung
(Operator: %). Die Operatoren ++ und -- stehen ebenfalls zur Verfügung
und erhöhen bzw. verringern den Wert einer Variable um eins. Zum Beispiel hat

```
    anzahl++
```

die gleiche Wirkung wie die Zuweisung

```
    anzahl = anzahl+1
```

Die Berechnungen erfolgen intern im Gleitkomma-Format. Damit
ist es zum Beispiel möglich, **prog2** so zu erweitern, daß die Gebühren
für die Übertragung der gesendeten Daten berechnet werden. Nehmen
wir an, pro Übertragung kostet jedes angefangene Kbyte 0,37 DM. Für
eine Übertragung von n byte sind also

$$(int(\frac{n-1}{1024})+1)\cdot 0.37\text{DM}$$

zu bezahlen. Die Funktion *int* berechnet den ganzzahligen Wert eines
Ausdrucks, die Nachkommastellen werden gestrichen. Die Funktion
steht in **awk** zur Verfügung, so daß die Formel in das **awk**-Programm
prog3 übernommen werden kann:

```
# awk-Programm prog3

BEGIN      {OFS="        |        "
           print "name", "bytes", "sec.", "DM"
           print "--------..."}        54 mal "-"
$4=="sent" {anzbytes += $6
           anzsec   += $8
           preis    = (int(($6-1)/1024) + 1) * 0.37
           summe    += preis
           print $1, $6, $8, preis}
END        print "--------..."         54 mal "-"
           print "SUMME", anzbytes, anzsec, summe}
```

Die Ausführung von **prog3** liefert das Ergebnis:

```
name    |      bytes   |     sec.    |      DM
------------------------------------------------------
schmidt |      3659    |      6      |     1.48
schmidt |      1657    |      3      |     0.74
schulze |      2662    |      4      |     1.11
martin  |      2929    |      4      |     1.11
schmidt |      3001    |      4      |     1.11
------------------------------------------------------
SUMME   |      13908   |     21      |     5.55
```

In der mit **prog3** erzeugten Tabelle steht für jede
Datenübertragung eine Zeile mit den Übertragungskosten in der rech-
ten Spalte. in der letzten Zeile sind alle Kosten aufsummiert. In der
Praxis interessiert aber oft eine benutzerspezifische Summation: es soll
eine Liste erstellt werden, die für jeden Benutzer nur eine Zeile enthält.
In der Zeile steht, was der Benutzer insgesamt zu zahlen hat.

Um die Aufgabe zu lösen, führen wir *assoziative Variablen* ein. Sie
haben die allgemeine Form

> *variable* [*index*]

und sehen damit den üblichen *arrays* in Programmiersprachen ähnlich.
In assoziativen Variablen kann als *index* aber eine beliebige Zeichenfolge angegeben werden. Die Zuweisungen

```
kosten[1]     = 27.50
kosten["otto"] = 13.60
kosten[19]    = 12.20 + kosten["otto"]
```

definieren zum Beispiel eine assoziative Variable **kosten** mit drei
Elementen, die jeweils unter dem Index **1**, **"otto"** und **19** angespro-
chen werden.

Mit einer speziellen Form der **for**-Schleife werden alle Elemente
einer assoziativen Variablen *av* durchlaufen.

```
for (name in av)
Befehl
```

Zum Beispiel gibt

```
for (i in kosten)
    print kosten[i]
```

den Inhalt der drei oben definierten Elemente von **kosten** aus. Die Reihenfolge der Ausgabe ist nicht definiert. Falls im Schleifenkörper der
for-Schleife mehrere Befehle stehen, ist der Schleifenkörper in

geschweiften Klammern einzuschließen .

Mit einer assoziativen Variable **preis** läst sich die benutzerspezifische Abrechnung leicht durchführen. Das Programm

```
BEGIN        {OFS = " TAB"}
$4=="sent"   {preis [$1] += (int (($6-1)/1024) + 1) * 0.37}
END          {for (name in preis)
                    print name ": ", preis[name] " DM" }
```

summiert für jeden Benutzer **name** die von ihm zu tragenden Kosten im
Variablenelement **preis[namen]** und gibt das Ergebnis in einer Liste
aus:

```
martin:    1.11 DM
schulze:   1.11 DM
schmidt:   3.33 DM
```

Mit dem **sort**-Kommando kann dann die Liste abschließend noch
alphabetisch nach Namen oder mit **sort +1nr** nach Kosten (die
teuersten zuerst) sortiert werden.

8.3 Programmgenerierung mit make

Ein etwas umfangreicheres Programm besteht aus mehreren Moduln,
d.h. aus logisch abgeschlossenen Programmteilen, die eine oder mehrere
Funktionen enthalten. Jedes Modul ist in einer separaten Datei
abgelegt. Dazu kommen noch Dateien mit Programm-Anweisungen, die
in mehreren Moduln gemeinsam benötigt werden. Die letztgenannten
Dateien heißen *include files* und enthalten häufig Deklarationen für
externe Bezeichner und Konstanten. Ihr Inhalt wird mit der in Kapitel 6
beschriebenen **include**-Anweisung in die Moduln übernommen.

Je komplexer das Programm wird, um so mehr Dateien müssen ver-
waltet werden. Wird der Inhalt einer Datei verändert, ist zu entschei-
den, welche Übersetzungs- und Binde-Vorgänge anschließend durchzuführen sind, damit das lauffähige Programm dem neuesten Stand entspricht. Wurde etwa die Deklaration einer externen Funktion in einer
include-file geändert, können davon Dutzende anderer Quelldateien
betroffen sein, die neu zu übersetzen und zu binden sind.

Um dabei keine Datei zu vergessen, kann man natürlich alles neu
erstellen, d.h. selbst bei der kleinsten Änderung alle Moduln neu
übersetzen. Diese Vorgehensweise ist jedoch sehr zeitintensiv.

Hier hilft das Kommando **make**. Es dient dazu, nach einer Änderung nur die tatsächlich notwendigen Aktionen durchzuführen, um das gesamte Programm auf den neuesten Stand zu bringen. Dafür benötigt **make** eine Beschreibung der Abhängigkeiten zwischen den Dateien, aus denen das Programm besteht, und die Definition der auszuführenden Aktionen. Diese Angaben werden in einer Datei abgelegt, die üblicherweise den Namen **makefile** oder **Makefile** trägt. Der Kommando-Aufruf

   make

genügt dann, um nach einer Änderung das Programm mit einer minimalen Anzahl notwendiger Aktionen neu zu erzeugen. Das Kommando liest im Working-Directory die Datei **makefile** (bzw. **Makefile**) und erhält so Kenntnis über die Abhängigkeiten zwischen den Dateien. Es prüft das Modifikationsdatum jeder Datei und ermittelt damit, welche Dateien geändert wurden. Aus beiden Informationen, den Abhängigkeiten und dem jeweiligen Modifikationsdatum, leitet es die notwendigen Aktionen ab und führt sie aus. In Abbildung 8.3 sind die Quellen für **make** dargestellt.

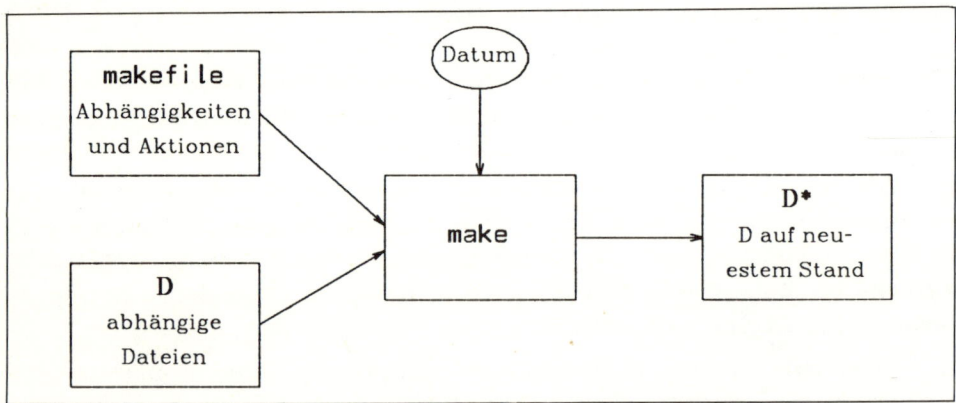

Abb. 8.3: Quellen für das make-*Kommando. Mit* D *ist eine Menge von Dateien für ein Programmsystem bezeichnet. Anhand der Beschreibung in* makefile *und aus dem jeweiligen Modifikationsdatum der Dateien in* D *ermittelt* make, *welche Aktionen notwendig sind (z.B. rekompilieren, binden), um alle Dateien in* D *auf dem neuesten Stand zu bringen.* make *führt die Aktionen aus und erzeugt damit die nicht mehr aktuellen Dateien in* D *neu.*

Statt **makefile** kann auch ein anderer Dateiname benutzt werden. Er wird beim Aufruf hinter dem Flag **−f** angegeben. Das Kommando

make −f erzeuge

liest die Abhängigkeiten und Aktionen aus der Datei **erzeuge**.

Weitere Flags und die damit verbundenen Anwendungen von **make** werden wir später noch kennenlernen. Als erstes betrachten wir, wie Abhängigkeiten und Aktionen in einer **makefile** beschrieben werden.

8.3.1 Beschreibung von Abhängigkeiten

Eine Anweisung in **makefile** besteht aus mindestens zwei Zeilen, einer Abhängigkeitszeile und einer oder mehrerer Kommandozeilen.

> *ziel*:   *abhängigkeits-liste*
>   *kommando*
>   . . .

Die Abhängigkeitszeile besteht aus einem Dateinamen *ziel* gefolgt von einem Doppelpunkt und einer *abhängigkeits-liste*. Die *abhängigkeits-liste* ist eine Folge von jeweils durch Leerzeichen getrennte Dateinamen. Liegt das Modifikationsdatum einer oder mehrerer Dateien in der *abhängigkeits-liste* vor dem Modifikationsdatum der Datei *ziel*, werden die nachfolgenden Kommandozeilen *kommando* ausgeführt. Die Kommandozeilen werden auch ausgeführt, wenn die Datei *ziel* noch nicht existiert.

Die Kommandozeilen müssen auf der ersten Tabulatorposition (d.h. mit dem *TAB*-Zeichen) beginnen. Sie enthalten Shell-Kommandos, (üblicherweise Compiler-Aufrufe), um die Datei *ziel* zu erzeugen.

Eine **makefile** kann Kommentare enthalten. Eine Zeichenfolge, die in einer Zeile hinter dem Zeichen **#** folgt, wird von **make** ignoriert und kann als Kommentar benutzt werden.

Im folgenden Beispiel für eine einfache Datei **makefile** ist **prog1** der Name einer Datei, die ein übersetztes und ausführbares Programm enthält. Das Programm besteht aus einem Hauptprogramm in der Quelldatei **hp.c** und einem Unterprogramm **up.c**:

prog1:   hp.c up.c
**   cc hp.c up.c −o prog1**

Wenn seit der letzten Übersetzung von **prog1** eine der beiden Quelldateien geändert wurde, erzeugt der Aufruf

```
make
```

die Datei **progl** durch Ausführen des cc-Kommandos. Die Kommandoausführung wird auf dem Bildschirm protokolliert. Falls keine
Änderung vorliegt, d.h. das Modifikationsdatum von **hp.c** und **up.c**
nicht hinter dem von **progl** liegt, meldet **make**

```
'progl' is up to date
```

und ruft nicht den C-Compiler auf.

Jede Datei in einer Abhängigkeitszeile kann als *ziel* in einer
anderen Abhängigkeitszeile vorkommen. Dadurch kann eine Hierarchie
von Abhängigkeiten beschrieben werden, wie sie das nächste Beispiel
zeigt. Darin ist das Programm **progl** die Spitze der Hierarchie. Es wird
neu gebunden, wenn sich eines seiner Objektmoduln **hp.o** und **up.o**
geändert hat. Die Objektmoduln sind wiederum abhängig von den Quelldateien **hp.c** und **up.c** und werden durch Kompilieren erzeugt:

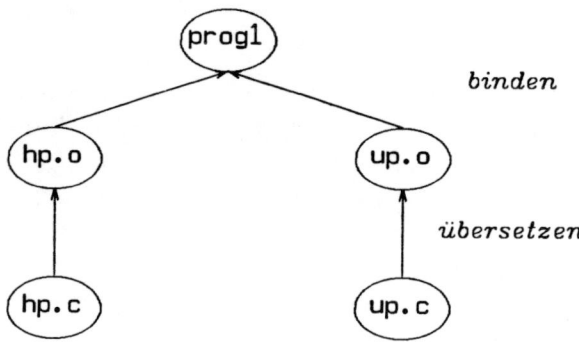

Das zugehörige **makefile** sieht so aus

```
progl:  hp.o up.o
        cc hp.o up.o -o prog
hp.o:   hp.c
        cc -c hp.c
up.o:   up.c
        cc -c up.c
```

Nehmen wir an, die Datei **hp.c** wurde geändert.   **make** führt dann
die Anweisung

```
cc -c hp.c
```

aus und erzeugt damit **hp.o** neu. Dadurch ist die Datei **hp.o** neuer als
die Datei **progl**, was zur Ausführung der ersten **make**-Anweisung, dem
Binden von **hp.o** und **up.o** zu prog, führt.

Das Beispiel zeigt, daß **make** die Hierarchie der Abhängigkeiten von unten nach oben bearbeitet. Zunächst wird die unterste Stufe der Hierarchie, (hier: die Abhängigkeit zwischen den **.o**- und **.c**-Dateien) überprüft, anschließend die nächst höhere usw.

Als letztes Beispiel nehmen wir eine include-file dazu. Ein Programm **prog2** besteht aus einem Hauptprogramm **hp.c** und zwei Unterprogrammen **up1.c** und **up2.c**. In **hp.c** und in **up1.c** wird eine include-file **defs.h** benutzt:

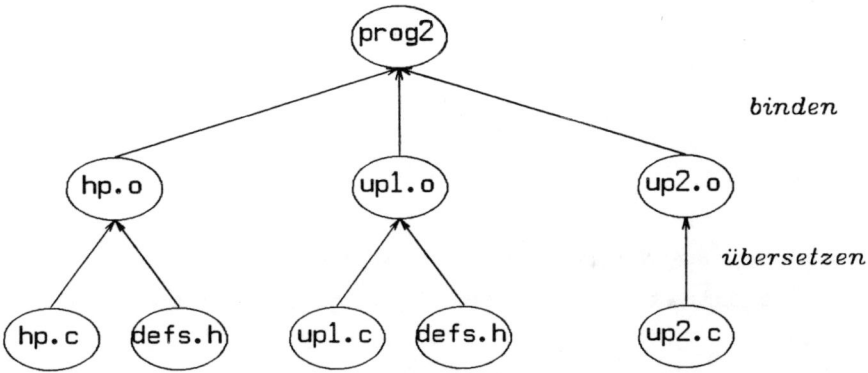

In der zugehörigen **makefile** stehen dann folgende Anweisungen:

```
prog2: hp.o up1.o up2.o
        cc hp.o up1.o up2.o -o prog
hp.o:   hp.c defs.h
        cc -c hp.c
up1.o:  up1.c defs.h
        cc -c up1.c
up2.o:  up2.c
        cc -c up2.c
```

8.3.2 Implizierte Abhängigkeiten

In den **makefile**s für **prog1** und **prog2** haben wir alle Abhängigkeiten und Aktionen in einer **makefile** definiert. Eine **makefile** läßt sich aber auch wesentlich kürzer schreiben, weil **make** einige Abhängigkeiten und Aktionen bereits implizit kennt. **make** weiß zum Beispiel, daß zu einer Objekt-Datei *name*.**o** eine Quellprogrammdatei *name*.**c** gehört und daß der C-Compiler aufzurufen ist, um aus *name*.**c** die Datei *name*.**o** zu erzeugen. (Auf andere Programmiersprachen als C gehen wir später ein.) Das bedeutet, daß die make-Anweisung

```
name.o:  name.c
         cc -c name.c
```

nicht explizit in einer makefile angegeben werden muß. Die Anweisung wird von **make** automatisch übernommen, wenn name.o in einer *abhängigkeits-liste* auftritt, aber in keiner make-Anweisung als *ziel* genannt ist. Als makefile für prog1 genügt daher:

```
prog1: hp.o up.o
       cc hp.o up.o -o prog1
```

Die beiden Anweisungen

```
hp.o: hp.c
      cc hp.c
up.o: up.c
      cc up.c
```

können weggelassen werden, da **make** sie impliziert kennt.

Auch der Inhalt der makefile für prog2 läßt sich kürzer schreiben, wenn man implizierte Abhängigkeiten ausnutzt:

```
prog2:      hp.o up1.o up2.o
            cc hp.o up1.o up2.o -o prog2
hp.o up1.o: defs.h
```

In der letzten Anweisung der makefile für prog2 sind zwei Dateien als *ziel* angegeben, und es fehlt die zugehörige Zeile mit dem Kommando (Compiler-Aufruf). Die Ausgabe mehrerer Namen als *ziel* ist nur eine kürzere Schreibweise und steht für

```
hp.o:   defs.h
up1.o:  defs.h
```

Der fehlende Compiler-Aufruf, zum Beispiel cc -c hp.c für das *ziel* hp.o, wird von **make** automatisch ergänzt.

Die Abhängigkeit zwischen Objekt- und Quellprogramm kennt **make** nicht nur für C-Programme. Die Vorgehensweise von **make** ist so allgemein, daß auch andere Programmiersprachen berücksichtigt werden: Fehlt wie im letzten Beispiel in einer Anweisung mit dem *ziel name.o* die Kommandozeile, durchsucht **make** das Working-Directory nach einer der folgenden Dateien:

*name.*c	(C-Quelldatei)
*name.*r	(RATFOR-Quelldatei)
*name.*f	(FORTRAN-Quelldatei)
*name.*y	(YACC-Quelldatei)
*name.*l	(lex-Quelldatei)
*name.*s	(Assembler-Quelldatei)

Für die gefundene Datei ruft **make** den passenden Compiler bzw. den Assembler auf, um *name.*o zu erzeugen.

Existiert wie im ersten Beispiel keine Anweisung mit dem *ziel* *name.*o, geht **make** in gleicher Weise vor. Das Working-Directory wird nach der zugehörigen Quelldatei durchsucht und daraus *name.*o erzeugt.

8.3.3 Weitere make-Anwendungen

Um die Beschreibung in einer **makefile** kompakter und flexibler zu gestalten, steht ein Makromechanismus zur Verfügung. Mit der Zuweisung

   makro = *liste*

wird ein Makro definiert. Nach der Definition repräsentiert

   $(*makro*)

die Zeichenfolge *liste* in der **makefile**. Bei Makronamen, die nur aus einem Zeichen bestehen, können die Klammern weggelassen werden.

Einige Makros haben in **make** eine spezielle Bedeutung. So kann zum Beispiel durch Definition des Makros **CFLAGS** angegeben werden, welche Flags **make** benutzen soll, wenn es den C-Compiler **cc** auf Grund implizierter Abhängigkeiten aufruft. Mit

   CFLAGS = -O

wird das **cc**-Kommando mit dem Flag **-O** ausgeführt und damit optimierter Code erzeugt.

Ein weiteres spezielles Makro ist das Zeichen "**?**". In diesem Makro legt **make** beim Prüfen einer Abhängigkeitszeile

   ziel : *abhängigkeits-liste*

die Namen der Dateien in der *abhängigkeits-liste* ab, die jünger als *ziel* sind. Mit der **make**-Anweisung

   prog2: hp.o up1.o up2.o

```
        echo Neu sind die Objektdateien $?
        cc hp.o up1.o up2.o -o prog2
```

werden (vor dem Binden der Objektdateien mit cc) durch das **echo**-Kommando die Namen der Objektdateien ausgegeben, die jünger als **prog2** sind.

Wir benutzen Makros in einer **makefile** zur Erzeugung von **prog2** und führen bei dieser Gelegenheit noch drei weitere *ziel*-Angaben ein:

```
CFLAGS  = -O                # Flags fuer C-Compiler
FILES   = hp.c up1.c up2.c  # Quelldateien
OBJECTS = hp.o up1.o up2.o  # Objektdateien

prog2:  $(OBJECTS)          # binden der Objektdateien
        cc $(OBJECTS) -o prog2

hp1.o up1.o: defs.h         # Abhaengigkeiten von defs.h

install:                    # Programm installieren
        mv prog2 /usr/bin

clean:                      # aufraeumen
        rm $(OBJECTS)

print:  $(FILES)            # geaenderte Dateien drucken
        lpr $?
        touch print
```

Die Ziele **install**, **clean** und **print** sind isolierte Knoten in der Abhängigkeitshierarchie. Um **prog2**, die Spitze der Hierarchie zu erzeugen, wird zum Beispiel eine Datei mit Namen **install** nie benötigt. Tatsächlich ist auch **install** gar keine zu erzeugende oder existierende Datei, sondern ein frei gewählter Name, um **make** für zusätzliche Aufgaben benutzen zu können. Mit dem Aufruf

```
    make install
```

wird **install** für das **make**-Kommando zur Spitze der Abhängigkeitshierarchie. Da die *abhängigkeits-liste* für **install** leer ist, kann **make** kein Modifikationsdatum prüfen und führt unbedingt das nachfolgende **mv**-Kommando aus. Damit wird **prog2** unter dem Directory **/usr/bin** "installiert".

Den Bezeichner **install** findet man in nahezu jeder **makefile** für ein größeres Programmsystem, um mit **make install** die Komponenten des Systems automatisch an die geeigneten Stellen in das UNIX-Dateisystem einzusetzen. Das gleiche gilt für den Bezeichner **clean**.

Mit **make clean** werden nicht mehr benötigte Dateien gelöscht.

Der Bezeichner **print** bedarf noch weiterer Erklärung. Beim ersten Aufruf

    make print

existiert noch keine Datei mit dem Namen **print**. Für **make** bedeutet das, daß alle Dateien in der *abhängigkeits-liste* von **print** jünger als **print** sind. Folglich werden mit dem lpr-Kommando (unter der Abhängigkeitszeile) alle Quelldateien ausgedruckt. Anschließend erzeugt das Kommando **touch** die leere Datei **print**.

Bei einer bereits existierenden Datei **print** setzt touch nur das Modifikationsdatum der Datei auf das aktuelle Datum. Das Modifikationsdatum von **print** ist daher immer gleich dem Datum, an dem zum letzten Mal mit **make print** Quelldateien ausgegeben wurden. Da mit **$?** im lpr-Kommando Quelldateien repräsentiert werden, die jünger als **print** sind, gibt **make print** nur die Dateien aus, die seit dem letzten Ausdruck verändert wurden.

Zum Schluß soll noch auf zwei Flags beim **make**-Kommando hingewiesen werden. Mit

    make -n

zeigt **make**, was es tun würde, um das in **makefile** angegebene Programm zu erstellen, führt jedoch keine Kommandos aus (no execution mode). Die Kommandoausführung unterbleibt auch bei

    make -t

Das Flag **-t** (touch) bewirkt, daß **make** das Modifikationsdatum aller relevanten Daten aktualisiert, so daß beim nächsten **make**-Aufruf alles **"up to date"** erscheint. Sinnvoll ist das zum Beispiel, wenn in einer Quelldatei Änderungen durchgeführt wurden, die keine Auswirkung auf die Übersetzung haben (z.B. Kommentare einfügen).

Literaturverzeichnis

[Ansi78]   *ANSI X3.9-1978:* American National Structured Programming
Language FORTRAN; New York: American National Standard
Institute, 1978

[Bour83]   *Bourne, S.R.:* The UNIX-System; Addison-Wesley, 1983

[Bour85]   *Bourne, S.R.:* Das UNIX System; Addison-Wesley Verlag
(Deutschland) GmbH, 1985

[Deit83]   *Deitel, H.M.:* An Introduction to Operating Systems; Addison-
Wesley, 1983

[Dijk65]   *Dijkstra, E.W.:* Cooperating Sequential Processes;
Technological University Eidhoven, The Netherlands, 1965

[Feld78]   *Feldman, S.I. / Weinberger, I.J.:* A Portable FORTRAN 77
Compiler; Bell Laboratories, Murray Hill, New Jersey, 1978

[Feld79]   *Feldman, S.I.:* The Programming Language EFL; Bell Labs
Computing Science Technical Report #78, 1979

[Geld83]   *Geldmacher, W.J. / Bernhard, L.W.:* Die Benutzeroberfläche
von UNIX; in: unix mail 1983, S. 39-47

[Gulb85]   *Gulbins, Jürgen:* UNIX; Springer, Berlin, Heidelberg, New
York, Tokyo, 1985

[Hanc82]   *Hancock / Krieger:* The C-Primer; McGraw-Hill, 1982

[Hein82]   *Heintke, H.:* UNIX als Software-Entwicklungswerkzeug; in: Th.
Kreifelts / P. Schnupp (Hrsg.) UNIX Konzepte und
Anwendungen, S.133-156 B.G. Teubner, Stuttgart, 1983

[Hume85] *Hume, J.N. / Holt, R.C.:* Pascal unter UNIX; Markt und
Technik, 1985

[Hume79] *Hume, J.N. / Holt, R.C.:* Programming FORTRAN 77; Reston 1979

[Jen75]   *Jensen, Kathleen / Wirth, Niklaus:* Pascal-User Manual and Report; Springer Verlag, New York, 1975

[Joy80]   *Joy, William N. / Graham, Susan L. / Haley, Charles B.:* Berkeley Users Manual, Vers. 2.0; Computer Center Library at the University of California, 1980

[Kern76] *Kernighan, B.W. / Planger, P.J.:* Software Tools; Addison-Wesley, 1976

[Kern77] *Kernighan, B.W.:* Ratfor - A Preprocessor for Rational FORTRAN; Bell Laboratories Computing Science Technical Report #55, 1977

[Kern78] *Kernighan, B.W. / Ritchie, D.M.:* The C Programming Language; Prentice-Hall, New Jersey, 1978

[Kern83] *Kernighan, B.W. / Ritchie, D.M.:* Programmieren in C; Hansa, München 1983

[Kimm79] *Kimm / Koch / Simonsmeier / Tontsch:* Einführung in Software Engineering; Walter de Gruyter, Berlin, New York, 1979

[Knuth71] *Knuth, D.E.:* An Empirical Study of FORTRAN Programs; Software P&E 1, 2 (71), 105 - 133

[Lamp81] *Lamprecht, Günther:* Einführung in die Programmiersprache FORTRAN 77; Vieweg, Braunschweig, Wiesbaden, 1981

[Mart86] *Martin, Günter:* Software-Engineering mit Pipes; in: Harald Schumny (Hrsg.) PC-Praxis, S.231-234 Vieweg, Braunschweig, 1986

[Parn72]   *Parnas, D.L.:* On the Criteria to be Used in Decomposing Systems into Modules; CACM 15, 12 (72), 1053-1058

[Purd83]   *Purdum, Jack:* Einführung in C; Markt & Technik, 1983

[Stan84]   *Stanka, Zdenek / Lösch, Stefan:* Die C-Sprache; te-wi Verlag München, 1984

[Stro85]   *Stroustrup, Bjarne:* The C++ Programming Language; Addison Wesley, 1985

[Wag80]   *Wagner, Jerold L.:* Principles of FORTRAN 77 Programming; Wiley, 1980

[Wait84]   *Waite, M. / Martin, D. / Prata, S.:* C-Primer Plus; H.W. Sams, 1984

[Wehn81]   *Wehnes, Harald:* FORTRAN 77; Hansa, München, 1981

[Wi75]   *Wirth, Niklaus:* Systematisches Programmieren; Teubner, 1975

[Wi76]   *Wirth, Niklaus:* Algorithms + Data structures = Programs; Prentice-Hall, New York, 1976

Sachwortverzeichnis

Die wichtigsten UNIX-Kommandos

1. On-line Manual

man *cmd*	zeigt Manual-Eintrag für Kommando *cmd*

2. Dateinamen zeigen:

ls *dirfile*	Auflisten Dateinamen in directory *dirfile*
ls	Auflisten Dateinamen im working directory
ls -l	long list: drwxrwxrwx n1 owner n2 date name

d   = file ist directory, sonst '-'

rwx   = read/write/execute-permission für
          owner, group, all other

n1   = Anzahl links

n2   = Anzahl bytes

date   = creation date

3. Dateiinhalt zeigen/drucken:

cat *file*	Ausgabe Datei *file* auf standard-output (Terminal)
more *file*	Seitenweise Ausgabe auf Terminal (blank/break)
head *file*	zeigt die ersten 10 Zeilen der Datei *file*
lpr *file*	Ausgabe auf Zeilendrucker

4. kopieren/umbenennen/entfernen/Zugriffsrechte:

cp *old new*	Copy, kopiere Datei *old* auf Datei *new*
mv *old new*	Move, umbenennen von Datei *old* in *new*
rm *file*	Remove, lösche Datei *file*
chmod +r *file*	*file* darf von allen gelesen (+r) werden (+w= geschrieben, +x=ausgeführt), -r=nicht gelesen.
chmod u+r *file*	Leserecht für user der Datei (g=group, o=other)

5. Directories:

pwd	print working directory, zeigt Name work. dir.
cd	working directory := home directory
cd *dirfile*	working directory := *dirfile*
mkdir *dirfile*	make directory, erzeuge directory *dirfile*
rmdir *dirfile*	remove directory, directory *dirfile* löschen

6. Statusabfrage/Prozesse:

ps	Prozeßstatus, ps -l: long list, ps -a: all
kill *7349*	breche Prozeß Nr. *7349* ab (Prozeßnr. liefert ps)
kill -9 *7349*	unbedingtes kill für Prozeß *7349*
who	Wer arbeitet am Rechner ?

Compiler

cc *file* -o *ausg*	Compiler-Aufruf (**cc**=C, **pc**=Pascal, **f77**=Fortran) mit
pc *file*	Sourcedatei *file*. Das übersetzte Programm
f77 *file*	wird nach **a.out** geschrieben (mit **-o** nach *ausg*)
a.out	Programm ausführen

Der Editor vi

1. aufrufen/zurückschreiben:

vi *file1*	Editor-Aufruf; wenn *file1* noch nicht existiert, wird eine Datei mit dem Namen *file1* erzeugt
:wq	auf Datei *file1* zurückschreiben, Editor beenden
:w *file2*	auf Datei *file2* zurückschreiben
:q!	Editor beenden ohne Rückschreiben

2. einfügen:

i *text* <ESC>	*text* vor Cursorposition einfügen
a *text* <ESC>	*text* hinter Cursorposition einfügen
o *text* <ESC>	neue Zeile hinter aktueller Zeile einfügen
O *text* <ESC>	neue Zeile vor aktueller Zeile einfügen

3. ändern/löschen

r α	Ersetze aktuelles Zeichen durch das Zeichen α
x	Lösche aktuelles Zeichen
dd	Lösche aktuelle Zeile

4. suchen und ersetzen

:s/*alt*/*neu*/	in aktueller Zeile erstes *alt* durch *neu* ersetzen
:s/*alt*/*neu*/g	in aktueller Zeile alle *alt* durch *neu* ersetzen
:%s/*alt*/*neu*/g	in der ganzen Datei *alt* durch *neu* ersetzen
:%s/*alt*/*neu*/c	in der ganzen Datei nach Rückfrage *alt* durch *neu* ersetzen; bei Eingabe von y und <RETURN> wird substituiert, bei Eingabe von <RETURN> allein nicht
:u	undo, macht Ersetzung rückgängig

5. Zeilennummerierung

:set number	Zeilennummerierung wird eingeschaltet
:set nonumber	Zeilennummerierung wird ausgeschaltet

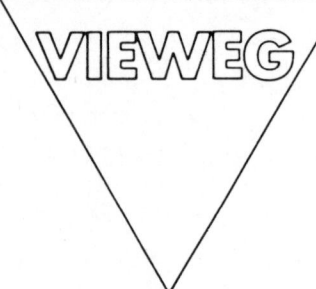

Günter Lamprecht

Einführung in die Programmiersprache C

1986. VIII, 127 S. 16,2 x 22,6 cm. Kart.

Inhalt: Überblick über die Programmiersprache C – Boole'sche Ausdrücke, Programmverzweigungen und Schleifen – Formatisierung der Ausgabe; Standard-Eingabe; Zugriff auf Dateien – Strukturen – Vorgegebene Unterprogramme und Makros – Lösungen zu den Aufgaben und Beispielen – Anhänge.
Das Buch verdeutlicht die Programmiersprache C an einfachen Beispielen und zeigt dabei ihre Leistungsfähigkeit, aber auch die Fehlermöglichkeiten.

Matthias Blumenfeld und Antonius Steinkamp

Pascal Tools

Strukturierte Programmierung mit Beispielen zur Textverarbeitung. 1986. 225 S. mit 50 Abb. 16,2 x 22,9 cm. Kart.

Inhalt: Einfache Programme mit Standard-Datentypen – Einfache Kontrollstrukturen – Strukturierte Programmierung – Selbstdefinierte Datentypen – Weitere Kontrollstrukturen – Selbstdefinierte Funktionen und Prozeduren – Sortierverfahren – Weitere strukturierte Datentypen – Modularisierung – Erste Realisierung der Module – Dynamische Datenstrukturen – Strings – Formatierung – Ein Pascal-Präprozessor.
Am Beispiel der Textverarbeitung ohne ein Standard-Softwarepaket bereiten die Autoren den Leser auf den Umstieg von BASIC zu Pascal und zur strukturierten Programmierung vor. Ansatzpunkte der Autoren sind Routinen und Programmbeispiele aus dem Bereich der Textverarbeitung. Eine umfassende Problemlösung erfolgt bei der Behandlung eines Präprozessors.
Der fortgeschrittene Hobbyprogrammierer kann sich mit diesem Buch eine Tool-Bibliothek anlegen: Die Unterprogramme sind sehr vielseitig zu verwenden.